Ferien-Stars 3

Erarbeitet von

Jasmin Brune
Daniela Elsner
Stefanie Gleixner-Weyrauch
Marion Lugauer
Sabine Schwarz

Illustriert von

Irmtraud Guhe

Cornelsen

Hallo, ich bin Lotta. Schön, dass du mit uns auf Reisen gehst!
Hallo, ich bin Paul.
Und ich bin Toni.

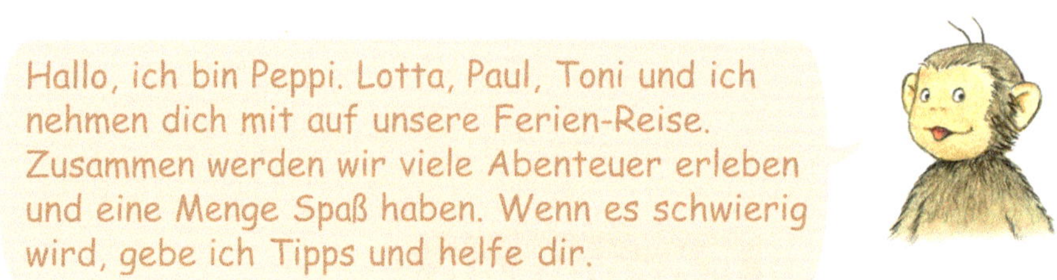
Hallo, ich bin Peppi. Lotta, Paul, Toni und ich nehmen dich mit auf unsere Ferien-Reise. Zusammen werden wir viele Abenteuer erleben und eine Menge Spaß haben. Wenn es schwierig wird, gebe ich Tipps und helfe dir.

Lotta, Toni und Paul machen Urlaub im Schwarzwald. Sie gehen auf Entdeckungsreise in den großen Wald. Auf einer sonnigen Lichtung sehen sie eine Wildschweinfamilie mit quiekenden Frischlingen. Plötzlich ruft Lotta aufgeregt: „Hört doch mal, was für ein seltsames Geräusch!“ Ängstlich blicken die drei Kinder um sich. Da entdecken sie den kleinen Peppi, der sich vor Freude von Baum zu Baum schwingt.

(1) Begib dich selbst auf Entdeckungsreise.
Unterstreiche Nomen/Substantive* blau, Verben* rot und Adjektive* grün.
Wie viele Wörter von jeder Wortart findest du?
Zähle Wörter, die öfters vorkommen, nur einmal. Trage ein.

Nomen/Substantive ☐ Verben ☐ Adjektive ☐

> Nomen/Substantive schreibt man groß. Sie haben einen Artikel*.
> Man kann sie in die Mehrzahl setzen.
> Verben sagen, was man tun kann. Man schreibt sie klein.
> Adjektive beschreiben, wie etwas ist. Man schreibt sie klein.

(2) Findest du die 10 Fehler im rechten Bild? Kreise sie ein.

Auch beim Schreiben musst du genau hinschauen, um Fehler zu vermeiden:

- Wort genau anschauen
- Aufpassstellen merken
- auswendig aufschreiben
- mit der Vorlage überprüfen und verbessern

(3) Jetzt bist du an der Reihe. Schau dir jedes Wort genau an, markiere die Aufpassstellen, decke es ab und schreibe auswendig auf. Wenn du einen Fehler entdeckst, schreibe das Wort nochmals richtig mit deiner Lieblingsfarbe auf.

Höhleneingang ______________ Rehkitz ______________

Regenpfütze ______________ Moos ______________

Beerenstrauch ______________ Kiefernadel ______________

4 Finde heraus, was es sonst noch im Wald zu entdecken gibt. Die Wörter haben sich im Baumstamm versteckt. Trenne sie durch Striche voneinander und schreibe sie auf. Achte auf die Großschreibung.

5 Zeige, was du kannst. In dem Text haben sich 10 Fehler eingeschlichen. Kreise die Fehlerstellen rot ein. Schreibe dann die Wörter richtig auf.

Falls du unsicher bist, schau in einem Wörterbuch nach.

Im Walt leben vile Tiere. Das Eichörnchen knabberd an einer nuss. Die Amsel trälert ein Lied und der Hase hobelt über das Moss. Der Fux schaut aus seinem bau.

6 Kannst du diese Wörter lesen? Schreibe sie richtig daneben.

Wildschweinfamilie

chhörnch nschw nz

Kuckuck

1 Lotta, Paul und Toni sind im Maislabyrinth. Hilf ihnen, den richtigen Weg zu finden, und male ihn rot an.

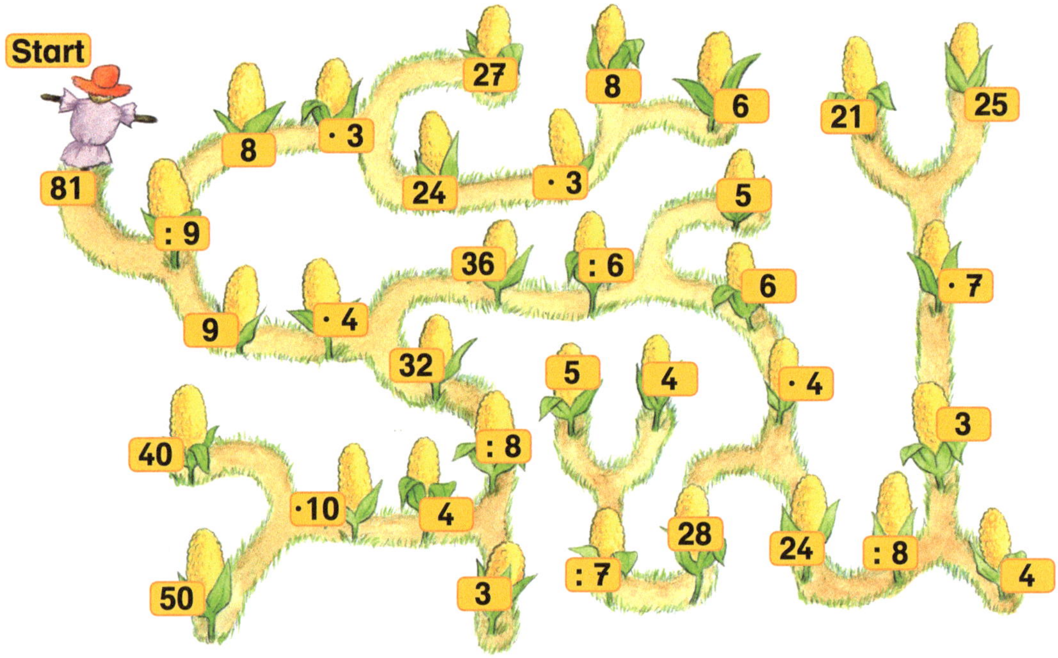

2 Peppi hat die Hunde von der Leine gelassen. Hilf ihm, sie wieder richtig anzuleinen. Male die Hunde und die Halsbänder richtig aus. Schreibe auf die Linien, wie sie heißen.

Der linke Hund ist braun.
Der graue Hund steht nicht direkt neben dem braunen Hund.
Der braune Hund trägt ein grünes Halsband.
Neben dem braunen Hund steht der Hund mit dem gelben Halsband.
Maya hat ein rotes Halsband.
Bella steht zwischen Sam und Maya. Sie ist schwarz.

3 Lotta, Paul und Toni bringen die Hunde zurück zum Bauernhof.
Dort sind einige Tiere ausgebrochen. Welche Tiere sind es?
Rechne auf einem Extra-Blatt aus und schreibe die Buchstaben in die Kästchen.

A	C	E	F	H	I	L	N	S	U	W
884	170	550	295	719	898	852	310	482	401	340

407 + 75 = ☐
225 – 55 = ☐
685 + 34 = ☐
295 + 45 = ☐
325 + 225 = ☐
450 + 448 = ☐
420 – 110 = ☐

500 + 219 = ☐
270 + 131 = ☐
820 – 101 = ☐
367 – 57 = ☐

300 + 419 = ☐
400 + 484 = ☐
789 – 70 = ☐
170 + 140 = ☐

512 – 30 = ☐
85 + 85 = ☐
750 – 31 = ☐
934 – 50 = ☐
312 – 17 = ☐

1000 – 450 = ☐
525 – 43 = ☐
497 + 53 = ☐
888 – 36 = ☐

4 In der Scheune sind die Strohballen mit Zahlen versehen.
Lotta, Paul und Toni rechnen die noch fehlenden Zahlen aus.

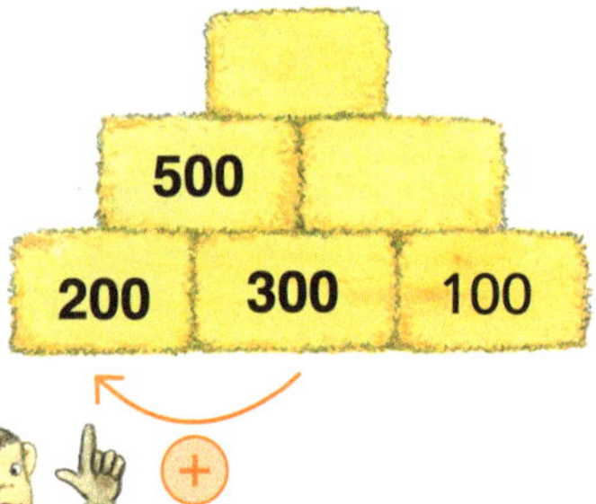

Addiere* die Zahlen zweier nebeneinanderliegender Strohballen. Schreibe das Ergebnis in den darüberliegenden.

Subtrahiere* nun von oben nach unten.

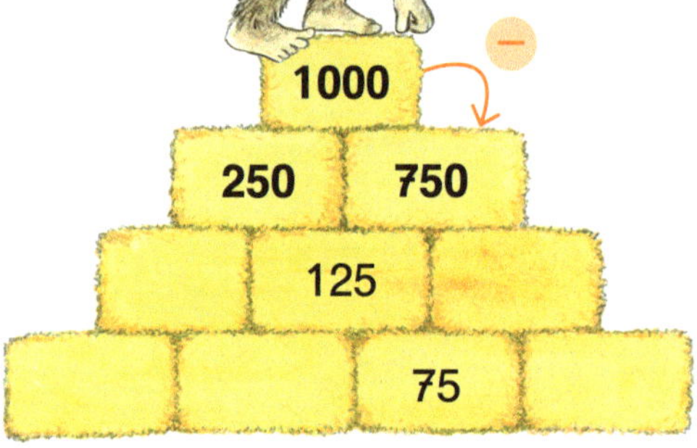

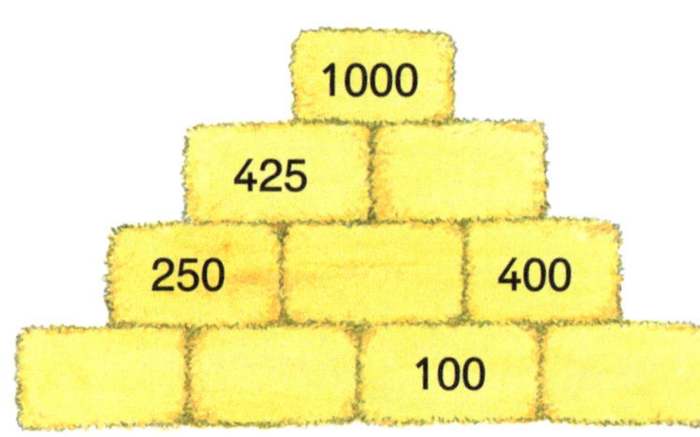

1 Read and number the animals.

Nummeriere die Tiere.

1 cow   2 sheep   3 horse   4 pig

2 Do the crossword.

budgie	mouse	cat	rabbit	dog	hamster	guinea pig	fish

lotta, toni und paul reisen durch frankreich. sie besichtigen die hauptstadt paris. besonders gefällt ihnen das wahrzeichen von paris, der eiffelturm. er ist ein 320 meter hoher stahlturm. lotta und paul nehmen den lift. toni steigt die treppen hoch. wer wird wohl zuerst oben sein?

1 Auweia! Beim Tippen sind die Großbuchstaben verloren gegangen. Markiere die Buchstaben rot, die großgeschrieben werden müssen.

Satzanfänge und Nomen/Substantive* schreibt man groß.

2 Die Kinder bummeln durch die Stadt. Sie besuchen eines der großen Kaufhäuser, die Galeries Lafayette. Welche Wörter gehören zur Wortfamilie **kaufen**? Markiere sie mit deiner Lieblingsfarbe.

Kauf teuer Kasse Kaufhaus Verkäufer käuflich

Preis bezahlen Kaufpreis Käufer Geld

Wörter einer Wortfamilie haben den gleichen Wortstamm. Die Wortfamilie **kaufen** hat den Wortstamm **Kauf- / kauf-** bzw. **Käuf- / käuf-**.

3 Nun bist du an der Reihe.
Finde mindestens 4 Wörter aus der Wortfamilie **lesen**.

lesen: vorlesen

4 Packe die Wörter in die jeweils richtige Tüte.
Denke an die Groß- und Kleinschreibung.

Adjektive* werden häufig mit den Nachsilben **-ig** oder **-lich** gebildet.
Nomen/Substantive enden oft auf **-heit**, **-keit** oder **-ung**.

LESERLICH FREUNDLICH VERPACKUNG WERBUNG
BERATUNG RIESIG SCHÖNHEIT GÜNSTIG
HEITERKEIT LUSTIG

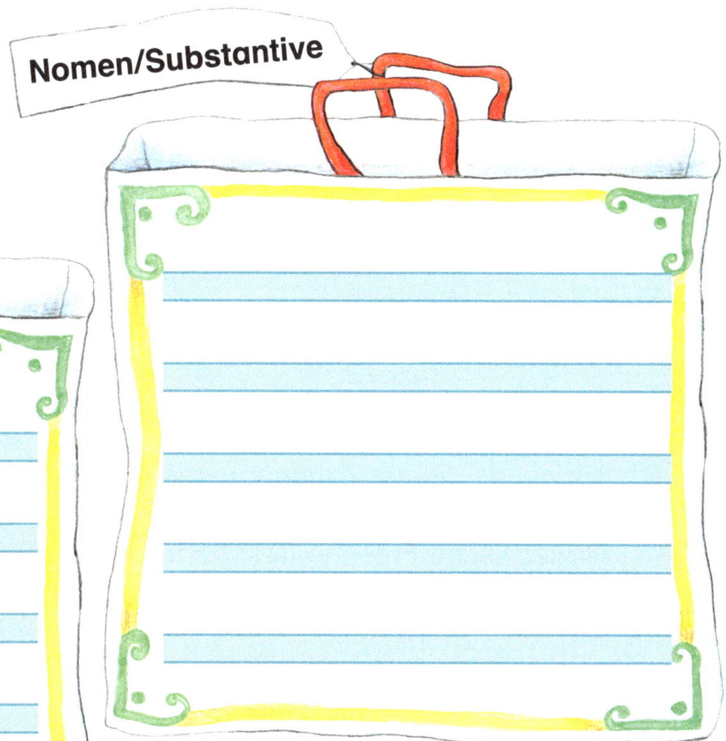

5 Bilde mit den Vorsilben neue Wörter. Ordne sie in das passende Regal.

vor- **ver-**

sprechen tragen schreiben lesen kaufen raten dienen bereiten

Die Vorsilbe ändert die Bedeutung eines Wortes. Achtung, manche Wörter kannst du in beide Regale einordnen.

6 Kannst du diesen Zungenbrecher 3x hintereinander fehlerfrei sprechen?

Französische Frösche fressen freudestrahlend frische Fliegen.
Frische Fliegen fressen freudestrahlend französische Frösche.

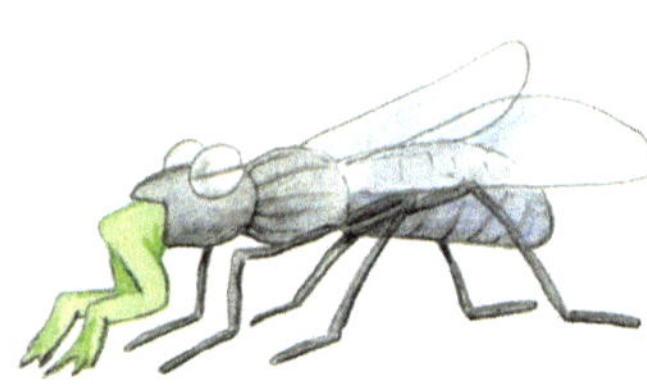

Lotta, Paul und Toni wollen für ihre sechs Freunde in Deutschland Geschenke aus Frankreich mitbringen. Jeder hat 30 €. Sie suchen kleine Eiffeltürme für je 5 € aus. Jeder Freund bekommt auch noch 2 Kerzen für je 2 €. Zum Schluss kaufen sie für Peppi eine Baskenmütze für 9,50 €.

1 Unterstreiche die Fragen …
blau, wenn du die Antwort im Text nachlesen kannst.
grün, wenn du erst rechnen musst.
rot, wenn du die Frage nicht beantworten kannst.

a) Wie viel kostet eine Kerze? ______

b) Wie viel kosten 6 Eiffeltürme? ______

c) Wie alt ist Peppi? ______

d) Wie vielen Freunden bringen sie etwas mit? ______

e) Wie viel Geld hat Lotta dabei? ______

f) Wie viel kostet alles zusammen? ______

g) Wie lange bleiben sie im Kaufhaus? ______

h) Wie viel Geld geben sie für jeden einzelnen Freund aus?

______

2 Beantworte die blau unterstrichenen Fragen.

3 Rechne nun die grün unterstrichenen Fragen auf einem Extra-Blatt aus.

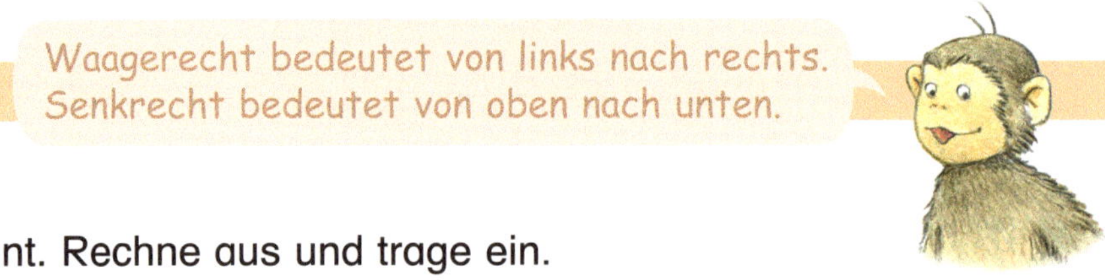

(4) Ein rätselhaftes Croissant. Rechne aus und trage ein.

waagerecht:

1. Das Doppelte von 180
2. 334 – 210
4. 265 + 36
5. 6 · 40
6. 800 : 40
7. Die Hälfte von 884
8. Das Doppelte von 264
9. 240 : 6
10. 270 + 415
14. 419 + 320

senkrecht:

1. Die Hälfte von 604
3. 704 – 90
4. Das Doppelte von 155
5. 125 + 135
7. 112 – 70
8. 450 : 9
9. 400 : 10
11. 600 – 20
12. 630 : 9
13. 500 – 301
15. 640 : 8

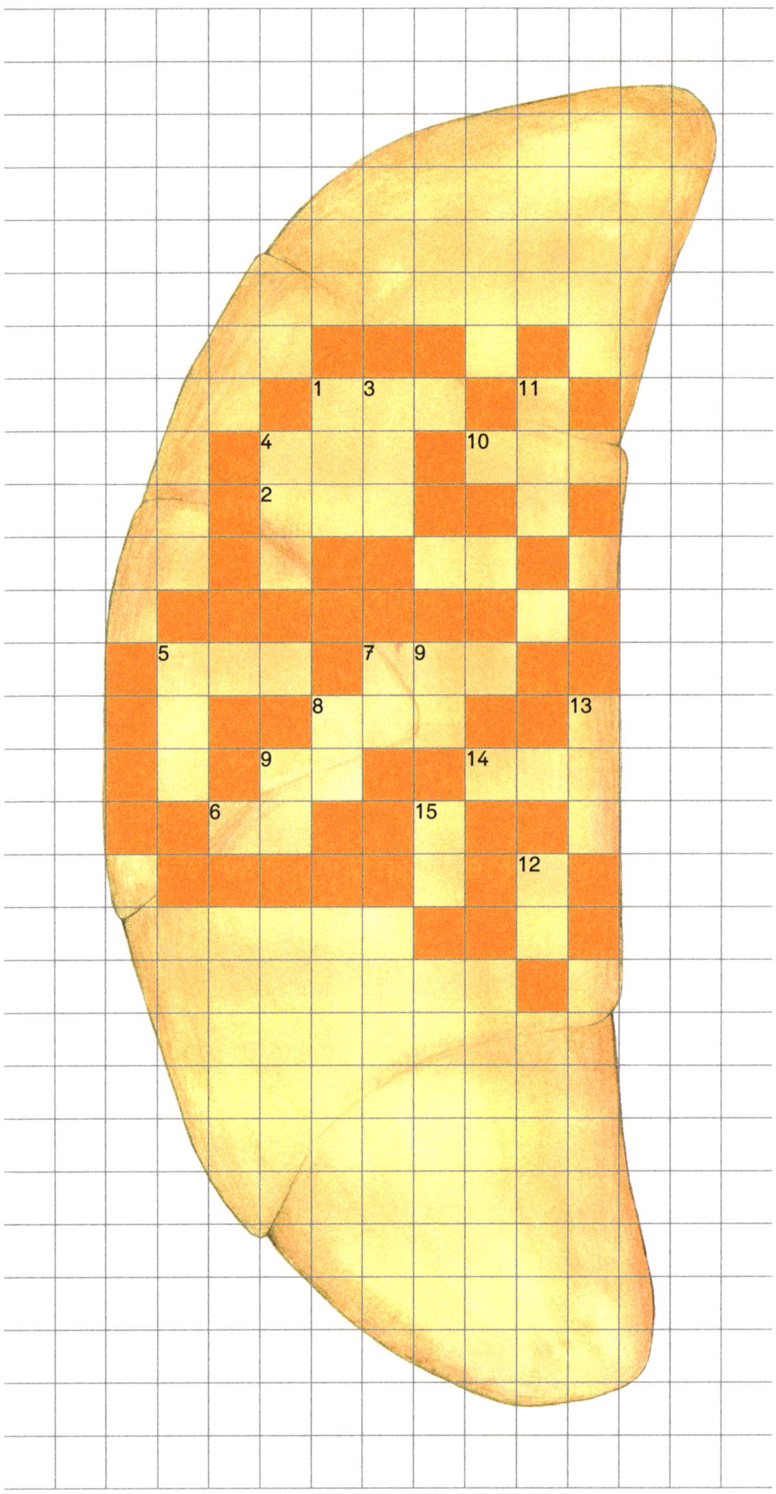

(1) What colour is it? Look and write.

______ ______ ______ ______ ______ ______

Was haben die Kinder eingekauft? Du findest es heraus, indem du den Inhalt der beiden Regale vergleichst.

(2) At Galeries Lafayette. What's in the bag?

pink

yellow

orange

Achte auf Einzahl und Mehrzahl. Die Nomen/Substantive in der Mehrzahl enden hier auf -s.

brown

There's a teddy bear, a ______

______ in the bag.

red

blue

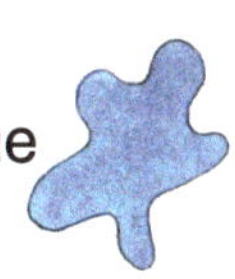

green

Die sieben schwarzen Raben im Tower

Lotta, Toni und Paul besuchen in London eine der größten Attraktionen: den Tower. Dort wollen sie die Waffen- und Rüstungssammlung sowie die weltberühmten Kronjuwelen der englischen Königsfamilie besichtigen. Als sie ankommen, sind sie von dem breiten Wassergraben und dem dicken Außenwall der sechseckigen Festung beeindruckt.

Paul gefallen die Wachtürme besonders gut. In früheren Zeiten diente der Tower als Schutz vor Feinden, als Palast für die Königsfamilie, als grausames Gefängnis und als Ort zahlreicher Hinrichtungen.

Lotta entdeckt am Eingang einen seltsam gekleideten Mann in Uniform. Auf seinem Arm sitzt ein großer, schwarzer Rabe. Der Mann stellt sich als Rabenmeister (auf Englisch heißt er Ravenmaster), ein Betreuer für Raben, vor.

Er erzählt den Kindern: „Im Tower leben die vielleicht berühmtesten Raben der Welt. Früher glaubten die Menschen in London, dass sie vor Feinden sicher wären, solange die Raben im Tower sind.“ Der Rabenmeister führt die Kinder in den Tower hinein und erklärt: „Sollten die Raben allerdings wegfliegen, ginge das Königreich unter. Deshalb ordnete König Karl II. für alle Zeiten an, mindestens sechs Raben auf Staatskosten im Tower zu halten und zu pflegen.“

Der Rabenmeister streichelt den Raben und fragt die Kinder: „Wusstet ihr, dass Raben und Krähen sehr intelligent sind und erstaunlich schnell lernen? Hier im Tower werden heute sieben Raben gehalten.“

Toni erkundigt sich besorgt: „Ist noch nie ein Rabe davongeflogen?“

Der Rabenmeister antwortet: „Nein, dafür haben wir vorgesorgt. Wir stutzen ihnen die Flügel. Dabei haben die Tiere aber keine Schmerzen.“

1 Lies die Geschichte aufmerksam durch und beantworte die Fragen.

a) Wie steht der Satz genau im Text? Kreuze den richtigen Satz an.

- ☐ Als sie ankommen, sind sie von den breiten Wassergräben und dem dicken Außenwall der sechseckigen Festung beeindruckt.
- ☐ Als sie ankommen, sind sie von dem breiten Wassergraben und dem dicken Außenwall der sechseckigen Festung beeindruckt.
- ☐ Als sie ankommen, sind sie von dem breiten Wassergraben und dem dicken Außenwall der achteckigen Festung beeindruckt.

b) Wie wird der Rabenmeister auf Englisch genannt?

____

c) Welcher König ordnete an, die Raben im Tower zu halten? Rahme die richtige Antwort farbig ein.

König Karl III. König Gustav II. König Karl II.

d) Welche Eigenschaften der Raben werden im Text beschrieben? Streiche Falsches durch.

intelligent | gefährlich | lernen schnell | fliegen schnell | berühmt | können gut riechen

e) Wie viele Raben werden heute im Tower gehalten? Belege mit Zeilenangabe.

Heute werden im Tower __________ Raben gehalten.

Zeile: _____

2 Unterstreiche die wörtlichen Reden im Text grün, die Redebegleitsätze rot.

Die wörtliche Rede steht immer in Anführungszeichen. Der Redebegleitsatz sagt dir, wer spricht.

3 Schreibe auf, was die Personen und der Rabe sagen und denken.
Setze die wörtliche Rede in Anführungszeichen.
Schreibe einen Redebegleitsatz dazu.

Toni sagt: „Lasst uns die Kronjuwelen in der Schatzkammer ansehen.“;

Während ihres Urlaubs in London stellen Lotta, Paul und Toni fest, dass sie bereits viele englische Wörter von zu Hause kennen.

(4) Ordne die Wörter richtig zu. Schreibe sie dann auf einem Extra-Blatt in alphabetischer Reihenfolge auf.

Sandwich, E-Mail, Hamburger, Computer, Pullover, Cornflakes, Inlineskates, Laptop, Scanner, CD, Teddy, Ketchup, Jeans, Badminton, Skateboard, Mountainbike, Clown, Snowboard, Basketball, Hot Dog, T-Shirt, Shorts

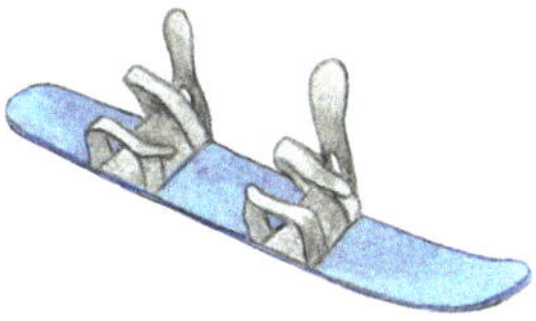

Sport + Spiel

Wörter aus fremden Sprachen schreiben wir oft anders, als wir sie aussprechen. Merke sie dir gut. Wenn du dir nicht sicher bist, wie ein Wort geschrieben wird, schlage es im Wörterbuch nach. Im Wörterbuch sind die Wörter nach dem ABC geordnet. Fangen Wörter mit dem gleichen Buchstaben an, ordne sie nach dem zweiten Buchstaben. Sind die ersten beiden Buchstaben gleich, schau dir den dritten Buchstaben an.

(1) Zur Entspannung machen Lotta, Toni, Paul und Peppi einen Spaziergang an der Themse. Dort sehen sie ein großes Riesenrad, das „London Eye“. Sie wollen gerne eine Runde fahren. Wenn du alle Aufgaben ausrechnest, bleiben zwei Gondeln übrig. In der Gondel mit der größeren Zahl können Lotta, Toni, Paul und Peppi fahren.

a) 432 + 123

b) 724 + 145

c) 286 + 235

d) 407 + 398

e) 194 + 630

f) 239 + 384

g) 555 + 167

h) 385 + 277

a) 576 − 325

b) 983 − 532

c) 637 − 129

d) 836 − 572

e) 466 − 289

f) 583 − 298

g) 373 − 195

h) 922 − 399

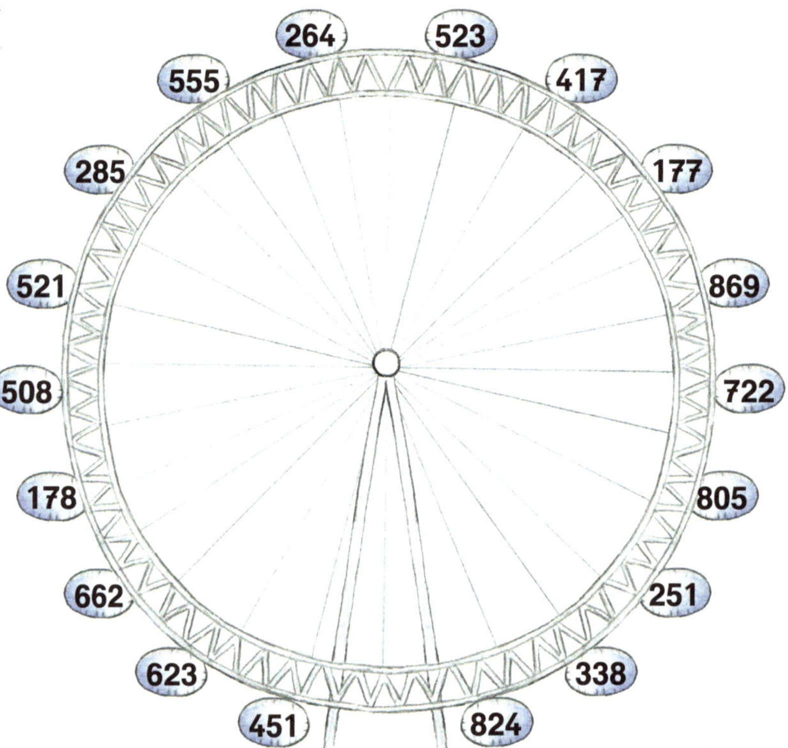

Lotta, Toni, Paul und Peppi fahren mit dem Zug von London nach Schottland. Sie haben von einem Monster gehört, das dort in einem See namens Loch Ness leben soll. Leider sehen sie es nicht, aber sie können in Schottland viele andere Tierarten entdecken.

(2) Ordne die Tiere nach ihrem Gewicht. Beginne mit dem schwersten Tier.

(3) Welche Aussagen stimmen? Kreuze an.
Rechne auf einem Extra-Blatt.

	richtig	falsch
3 Soay-Schafe sind so schwer wie 1 Seehund.	☐	☐
2 Rothirsche wiegen so viel wie 1 Schottisches Hochlandrind.	☐	☐
3 Feldmäuse sind leichter als 1 Papageientaucher.	☐	☐
5 Rothirsche sind leichter als 1 Schottisches Hochlandrind.	☐	☐
1 Soay-Schaf, 1 Seehund und 1 Rothirsch sind leichter als 1 Schottisches Hochlandrind.	☐	☐
Alle Tiere haben zusammen 22 Beine.	☐	☐

1 Find the words.

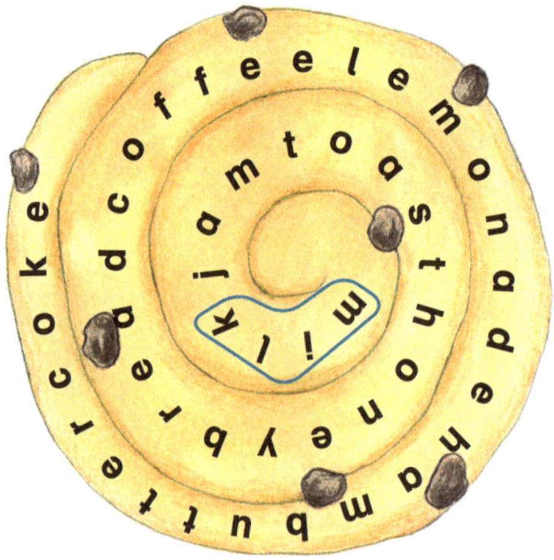

2 Read and draw lines.

Wer sitzt an welchem Platz?

I have tea and toast with butter and honey for breakfast.

I have a roll with jam and a glass of orange juice for breakfast.

I have eggs with ham and a glass of milk for breakfast.

I have cornflakes with milk and hot chocolate for breakfast.

What do you like for breakfast?

I like ______________________________ for breakfast.

Kennst du „Karlsson vom Dach“, „Michel aus Lönneberga“ oder „Ronja Räubertochter“? Dies sind einige Bücher der berühmten schwedischen Kinderbuchautorin Astrid Lindgren. Lottas Lieblingsbuch ist „Pippi Langstrumpf“. Sie freut sich schon lange auf den Besuch in der „Astrid-Lindgren-Welt“, einem Museum in Schweden. Denn dort kann sie in der Villa Kunterbunt spielen und auf Pippis Pferd, dem Kleinen Onkel, sitzen.

1 Lotta, Paul und Toni spielen vergnügt in der „Astrid-Lindgren-Welt“. Welche der Sätze sind Fragesätze, welche Ausrufesätze und welche Aussagesätze? Ergänze die Satzzeichen farbig.

Wo ist Herr Nilsson, der Affe ☐

Lotta und Toni, kommt herüber in die Villa Kunterbunt ☐

Ich reite auf Pippis Pferd ☐

Das macht Spaß ☐

Hoffentlich können wir noch lange bleiben ☐

Hilfst du mir bitte vom Pferd herunter ☐

Aussagesätze enden mit einem Punkt.
Nach einem Fragesatz steht ein Fragezeichen.
Nach einem Ausruf oder einer Aufforderung kommt ein Ausrufezeichen.

Die „Astrid-Lindgren-Welt“ ist kein Museum, durch das man still und leise gehen muss. Die Kinder dürfen dort sogar rennen, toben und hüpfen.

(2) Ordne die Verben* des Wortfelds **gehen** richtig ein.

schnell: ____________________

____

langsam: ____________________

____

____

stolpern rennen laufen kriechen sprinten sausen trippeln
schleichen hinken schlendern rasen tapsen
flitzen schlurfen schreiten stolzieren humpeln

Wörter eines Wortfelds haben eine ähnliche Bedeutung, gehören aber nicht zur gleichen Wortfamilie.

Mit den Ferien-Stars üben und sichern die Kinder auf spielerische Weise wichtige Lerninhalte aus dem dritten Schuljahr in den Fächern Deutsch, Mathematik und Englisch. Vielfältige Übungen und zahlreiche Illustrationen motivieren die Kinder dazu, bereits Gelerntes selbstständig zu wiederholen und anzuwenden. Die drei Kinder Lotta, Toni und Paul machen eine Reise durch verschiedene europäische Länder. Sie erleben viele Abenteuer, die mit abwechslungsreichen Übungen verknüpft werden. Der Affe Peppi begleitet die Kinder auf ihrer Reise und gibt wertvolle Tipps und Hilfestellungen zur Lösung der Aufgaben. Die Themenbereiche in den einzelnen Ländern können unabhängig voneinander bearbeitet werden. Es kann flexibel entschieden werden, mit welchem Land begonnen wird. Die Kinder können jede bearbeitete Seite mithilfe des Lösungsteils selbstständig kontrollieren. Für jede vollständig ausgefüllte Seite dürfen sich die Kinder mit einem Sternchenaufkleber belohnen. Die Ferien-Stars ermöglichen die zwanglose Wiederholung des Stoffes und bereiten somit umfassend auf das vierte Schuljahr vor.

Lösungen Ferien-Stars 3

(zum Heraustrennen die mittlere Klammer lösen)

Deutschland: Deutsch

Lotta, Toni und Paul machen Urlaub im Schwarzwald. Sie gehen auf Entdeckungsreise in den großen Wald. Auf einer sonnigen Lichtung sehen sie eine Wildschweinfamilie mit quiekenden Frischlingen. Plötzlich ruft Lotta aufgeregt: „Hört doch mal, was für ein seltsames Geräusch!" Ängstlich blicken die drei Kinder um sich. Da entdecken sie den kleinen Peppi, der sich vor Freude von Baum zu Baum schwingt.

(1) Begib dich selbst auf Entdeckungsreise.
Unterstreiche Nomen/Substantive* blau, Verben* rot und Adjektive* grün.
Wie viele Wörter von jeder Wortart findest du?
Zähle Wörter, die öfters vorkommen, nur einmal. Trage ein.

Nomen/Substantive 15 | Verben 8 | Adjektive 5

Nomen/Substantive schreibt man groß. Sie haben einen Artikel*. Man kann sie in die Mehrzahl setzen.
Verben sagen, was man tun kann. Man schreibt sie klein.
Adjektive beschreiben, wie etwas ist. Man schreibt sie klein.

3

(2) Findest du die 10 Fehler im rechten Bild? Kreise sie ein.

Auch beim Schreiben musst du genau hinschauen, um Fehler zu vermeiden:
- Wort genau anschauen
- Aufpassstellen merken
- auswendig aufschreiben
- mit der Vorlage überprüfen und verbessern

(3) Jetzt bist du an der Reihe. Schau dir jedes Wort genau an, markiere die Aufpassstellen, decke es ab und schreibe auswendig auf. Wenn du einen Fehler entdeckst, schreibe das Wort nochmals richtig mit deiner Lieblingsfarbe auf.

Höhleneingang ______	Rehkitz ______
Regenpfütze ______	Moos ______
Beerenstrauch ______	Kiefernadel ______

__ Dies könnten deine Aufpassstellen sein.

(4) Finde heraus, was es sonst noch im Wald zu entdecken gibt. Die Wörter haben sich im Baumstamm versteckt. Trenne sie durch Striche voneinander und schreibe sie auf. Achte auf die Großschreibung.

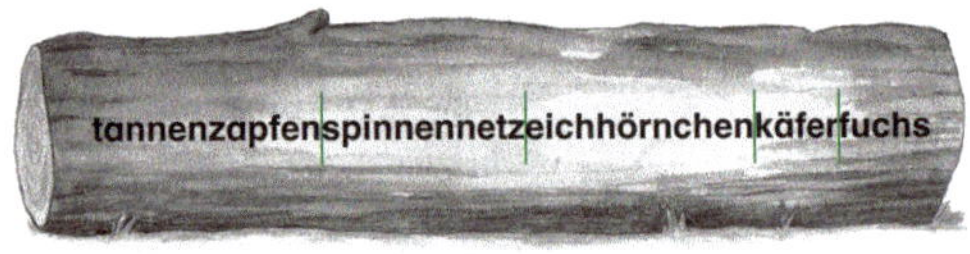

Tannenzapfen, Spinnennetz, Eichhörnchen,
Käfer, Fuchs

(5) Zeige, was du kannst. In dem Text haben sich 10 Fehler eingeschlichen. Kreise die Fehlerstellen rot ein. Schreibe dann die Wörter richtig auf.

Falls du unsicher bist, schau in einem Wörterbuch nach.

Im Walt leben vile Tiere. Das Eichörnchen knabbert an einer nuss. Die Amsel trälert ein Lied und der Hase hobelt über das Mos. Der Fux schaut aus seinem bau.

Wald, viele, Eichhörnchen,
knabbert, Nuss, trällert, hoppelt,
Moos, Fuchs, Bau

(6) Kannst du diese Wörter lesen? Schreibe sie richtig daneben.

Wildschweinfamilie — Wildschweinfamilie

●●chhörnch●nschw●nz — Eichhörnchenschwanz

ʞɔnʞɔnʞ — Kuckuck

(1) Lotta, Paul und Toni sind im Maislabyrinth. Hilf ihnen, den richtigen Weg zu finden, und male ihn rot an.

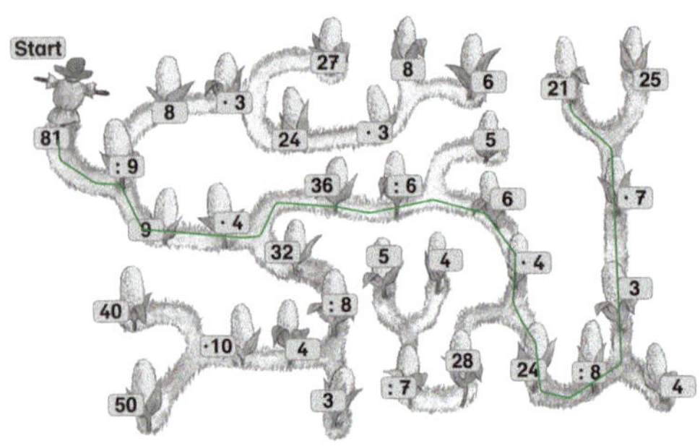

(2) Peppi hat die Hunde von der Leine gelassen. Hilf ihm, sie wieder richtig anzuleinen. Male die Hunde und die Halsbänder richtig aus. Schreibe auf die Linien, wie sie heißen.

Der linke Hund ist braun.
Der graue Hund steht nicht direkt neben dem braunen Hund.
Der braune Hund trägt ein grünes Halsband.
Neben dem braunen Hund steht der Hund mit dem gelben Halsband.
Maya hat ein rotes Halsband.
Bella steht zwischen Sam und Maya. Sie ist schwarz.

(3) Lotta, Paul und Toni bringen die Hunde zurück zum Bauernhof. Dort sind einige Tiere ausgebrochen. Welche Tiere sind es? Rechne auf einem Extra-Blatt aus und schreibe die Buchstaben in die Kästchen.

A	C	E	F	H	I	L	N	S	U	W
884	170	550	295	719	898	852	310	482	401	340

407 + 75 = S
225 – 55 = C
685 + 34 = H
295 + 45 = W
325 + 225 = E
450 + 448 = I
420 – 110 = N

500 + 219 = H
270 + 131 = U
820 – 101 = H
367 – 57 = N

300 + 419 = H
400 + 484 = A
789 – 70 = H
170 + 140 = N

512 – 30 = S
85 + 85 = C
750 – 31 = H
934 – 50 = A
312 – 17 = F

1000 – 450 = E
525 – 43 = S
497 + 53 = E
888 – 36 = L

4 In der Scheune sind die Strohballen mit Zahlen versehen.
Lotta, Paul und Toni rechnen die noch fehlenden Zahlen aus.

900
500 | 400
200 | 300 | 100

860
370 | 490
255 | 115 | 375

Addiere* die Zahlen zweier nebeneinanderliegender Strohballen. Schreibe das Ergebnis in den darüberliegenden.

730
250 | 480
100 | 150 | 330
77 | 23 | 127 | 203

972
401 | 571
150 | 251 | 320
49 | 101 | 150 | 170

Subtrahiere* nun von oben nach unten.

1000
250 | 750
125 | 125 | 625
75 | 50 | 75 | 550

1000
425 | 575
250 | 175 | 400
175 | 75 | 100 | 300

1 Read and number the animals.

Nummeriere die Tiere.

1 cow   2 sheep   3 horse   4 pig

2 Do the crossword.

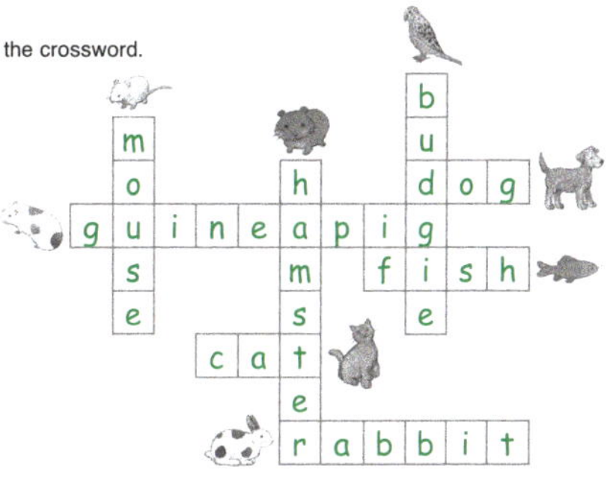

budgie mouse cat rabbit dog hamster guinea pig fish

lotta, toni und paul reisen durch frankreich. sie besichtigen die hauptstadt paris.
besonders gefällt ihnen das wahrzeichen von paris, der eiffelturm.
er ist ein 320 meter hoher stahlturm. lotta und paul nehmen den lift.
toni steigt die treppen hoch. wer wird wohl zuerst oben sein?

1 Auweia! Beim Tippen sind die Großbuchstaben verloren gegangen.
Markiere die Buchstaben rot, die großgeschrieben werden müssen.

Satzanfänge und Nomen/Substantive* schreibt man groß.

2 Die Kinder bummeln durch die Stadt. Sie besuchen eines der großen Kaufhäuser, die Galeries Lafayette. Welche Wörter gehören zur Wortfamilie **kaufen**?
Markiere sie mit deiner Lieblingsfarbe.

Kauf   teuer   Kasse   Kaufhaus   Verkäufer   käuflich
Preis   bezahlen   Kaufpreis   Käufer   Geld

Wörter einer Wortfamilie haben den gleichen Wortstamm.
Die Wortfamilie **kaufen** hat den Wortstamm
Kauf- / kauf- bzw. **Käuf- / käuf-**.

3 Nun bist du an der Reihe.
Finde mindestens 4 Wörter aus der Wortfamilie **lesen**.

lesen: vorlesen, ablesen, verlesen,
überlesen, nachlesen

4 Packe die Wörter in die jeweils richtige Tüte.
Denke an die Groß- und Kleinschreibung.

Adjektive* werden häufig mit den Nachsilben **-ig** oder **-lich** gebildet.
Nomen/Substantive enden oft auf **-heit**, **-keit** oder **-ung**.

LESERLICH   FREUNDLICH   VERPACKUNG   WERBUNG
BERATUNG   RIESIG   SCHÖNHEIT   GÜNSTIG
HEITERKEIT   LUSTIG

Adjektive
leserlich
freundlich
riesig
günstig
lustig

Nomen/Substantive
Verpackung
Werbung
Beratung
Schönheit
Heiterkeit

(5) Bilde mit den Vorsilben neue Wörter. Ordne sie in das passende Regal.

vor-	ver-
vorsprechen	versprechen
vortragen	vertragen
vorschreiben	verschreiben
vorlesen	verlesen
vorbereiten	verkaufen
	verraten
	verdienen

sprechen tragen schreiben lesen kaufen raten dienen bereiten

Die Vorsilbe ändert die Bedeutung eines Wortes. Achtung, manche Wörter kannst du in beide Regale einordnen.

(6) Kannst du diesen Zungenbrecher 3x hintereinander fehlerfrei sprechen?

Französische Frösche fressen freudestrahlend frische Fliegen.
Frische Fliegen fressen freudestrahlend französische Frösche.

Lotta, Paul und Toni wollen für ihre sechs Freunde in Deutschland Geschenke aus Frankreich mitbringen. Jeder hat 30 €. Sie suchen kleine Eiffeltürme für je 5 € aus. Jeder Freund bekommt auch noch 2 Kerzen für je 2 €. Zum Schluss kaufen sie für Peppi eine Baskenmütze für 9,50 €.

(1) Unterstreiche die Fragen …
blau, wenn du die Antwort im Text nachlesen kannst.
grün, wenn du erst rechnen musst.
rot, wenn du die Frage nicht beantworten kannst.

a) Wie viel kostet eine Kerze? 2 €

b) Wie viel kosten 6 Eiffeltürme? 30 €

c) Wie alt ist Peppi?

d) Wie vielen Freunden bringen sie etwas mit? 6 Freunden

e) Wie viel Geld hat Lotta dabei? 30 €

f) Wie viel kostet alles zusammen? 63,50 €

g) Wie lange bleiben sie im Kaufhaus?

h) Wie viel Geld geben sie für jeden einzelnen Freund aus?

9 €

(2) Beantworte die blau unterstrichenen Fragen.

(3) Rechne nun die grün unterstrichenen Fragen auf einem Extra-Blatt aus.

Ergänzung zu Seite 13, Aufgabe 3

b) $6 \cdot 5$ € = 30 €

f) $6 \cdot 5$ € (Eiffeltürme) + $6 \cdot 4$ € (Kerzen)
+ 9,50 € (Baskenmütze) = 63,50 €

h) 5 € (Eiffelturm) + 4 € (2 Kerzen zu 2 €) = 9 €

Waagerecht bedeutet von links nach rechts.
Senkrecht bedeutet von oben nach unten.

(4) Ein rätselhaftes Croissant. Rechne aus und trage ein.

waagerecht:
1. Das Doppelte von 180
2. 334 – 210
4. 265 + 36
5. 6 · 40
6. 800 : 40
7. Die Hälfte von 884
8. Das Doppelte von 264
9. 240 : 6
10. 270 + 415
14. 419 + 320

senkrecht:
1. Die Hälfte von 604
3. 704 – 90
4. Das Doppelte von 155
5. 125 + 135
7. 112 – 70
8. 450 : 9
9. 400 : 10
11. 600 – 20
12. 630 : 9
13. 500 – 301
15. 640 : 8

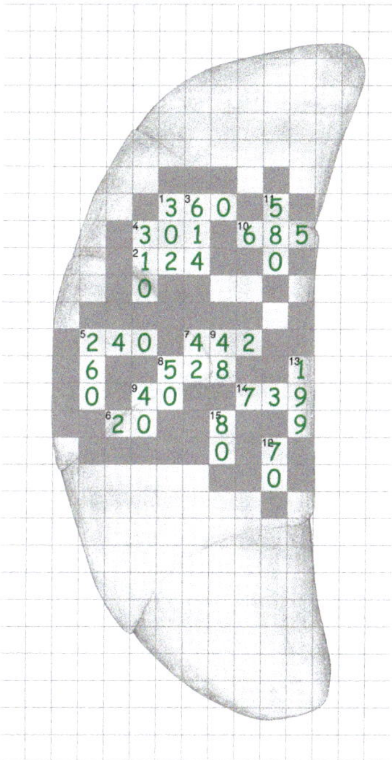

(1) What colour is it? Look and write.

yellow | green | red | blue | orange | brown

(2) At Galeries Lafayette. What's in the bag?

Was haben die Kinder eingekauft? Du findest es heraus, indem du den Inhalt der beiden Regale vergleichst.

pink

yellow

orange

Achte auf Einzahl und Mehrzahl. Die Nomen/Substantive in der Mehrzahl enden hier auf -s.

brown

There's a teddy bear, a ball, a car, a pencil, a rubber in the bag.

red

blue

green

Die sieben schwarzen Raben im Tower

Lotta, Toni und Paul besuchen in London eine der größten Attraktionen: den Tower. Dort wollen sie die Waffen- und Rüstungssammlung sowie die weltberühmten Kronjuwelen der englischen Königsfamilie besichtigen. Als sie ankommen, sind sie von dem breiten Wassergraben und dem dicken Außenwall der sechseckigen Festung beeindruckt.

Paul gefallen die Wachtürme besonders gut. In früheren Zeiten diente der Tower als Schutz vor Feinden, als Palast für die Königsfamilie, als grausames Gefängnis und als Ort zahlreicher Hinrichtungen.

Lotta entdeckt am Eingang einen seltsam gekleideten Mann in Uniform. Auf seinem Arm sitzt ein großer, schwarzer Rabe. Der Mann stellt sich als Rabenmeister (auf Englisch heißt er Ravenmaster), ein Betreuer für Raben, vor. Er erzählt den Kindern: „Im Tower leben die vielleicht berühmtesten Raben der Welt. Früher glaubten die Menschen in London, dass sie vor Feinden sicher wären, solange die Raben im Tower sind." Der Rabenmeister führt die Kinder in den Tower hinein und erklärt: „Sollten die Raben allerdings wegfliegen, ginge das Königreich unter. Deshalb ordnete König Karl II. für alle Zeiten an, mindestens sechs Raben auf Staatskosten im Tower zu halten und zu pflegen."

Der Rabenmeister streichelt den Raben und fragt die Kinder: „Wusstet ihr, dass Raben und Krähen sehr intelligent sind und erstaunlich schnell lernen? Hier im Tower werden heute sieben Raben gehalten."

Toni erkundigt sich besorgt: „Ist noch nie ein Rabe davongeflogen?"

Der Rabenmeister antwortet: „Nein, dafür haben wir vorgesorgt. Wir stutzen ihnen die Flügel. Dabei haben die Tiere aber keine Schmerzen."

(1) Lies die Geschichte aufmerksam durch und beantworte die Fragen.

a) Wie steht der Satz genau im Text? Kreuze den richtigen Satz an.

- ☐ Als sie ankommen, sind sie von den breiten Wassergräben und dem dicken Außenwall der sechseckigen Festung beeindruckt.
- ☒ Als sie ankommen, sind sie von dem breiten Wassergraben und dem dicken Außenwall der sechseckigen Festung beeindruckt.
- ☐ Als sie ankommen, sind sie von dem breiten Wassergraben und dem dicken Außenwall der achteckigen Festung beeindruckt.

b) Wie wird der Rabenmeister auf Englisch genannt?

Ravenmaster

c) Welcher König ordnete an, die Raben im Tower zu halten? Rahme die richtige Antwort farbig ein.

König Karl III. | König Gustav II. | König Karl II.

d) Welche Eigenschaften der Raben werden im Text beschrieben? Streiche Falsches durch.

intelligent | ~~gefährlich~~ | lernen schnell | ~~fliegen schnell~~ | berühmt | ~~können gut riechen~~

e) Wie viele Raben werden heute im Tower gehalten? Belege mit Zeilenangabe.

Heute werden im Tower sieben Raben gehalten.

Zeile: 20

(2) Unterstreiche die wörtlichen Reden im Text grün, die Redebegleitsätze rot.

Die wörtliche Rede steht immer in Anführungszeichen. Der Redebegleitsatz sagt dir, wer spricht.

(3) Schreibe auf, was die Personen und der Rabe sagen und denken.
Setze die wörtliche Rede in Anführungszeichen.
Schreibe einen Redebegleitsatz dazu.

Toni sagt: „Lasst uns die Kronjuwelen in der Schatzkammer ansehen.“; Lotta ruft: „Hier ist es aber gruselig!“; Paul fragt: „Warum fliegt der Rabe nicht weg?“; Der Rabe denkt: „Heute sind wieder viele Touristen im Tower.“;
Der Rabenmeister fragt: „Kennt ihr die Legende von den Raben im Tower?“

Während ihres Urlaubs in London stellen Lotta, Paul und Toni fest, dass sie bereits viele englische Wörter von zu Hause kennen.

(4) Ordne die Wörter richtig zu. Schreibe sie dann auf einem Extra-Blatt in alphabetischer Reihenfolge auf.

Sandwich, E-Mail, Hamburger, Computer, Pullover, Cornflakes, Inlineskates, Laptop, Scanner, CD, Teddy, Ketchup, Jeans, Badminton, Skateboard, Mountainbike, Clown, Snowboard, Basketball, Hot Dog, T-Shirt, Shorts

E-Mail, Computer, Laptop, Scanner, CD

Sport + Spiel

Inlineskates, Teddy, Badminton, Skateboard, Mountainbike, Clown, Snowboard, Basketball

Sandwich, Hamburger, Cornflakes, Ketchup, Hot Dog

Pullover, Jeans, T-Shirt, Shorts

Wörter aus fremden Sprachen schreiben wir oft anders, als wir sie aussprechen. Merke sie dir gut. Wenn du dir nicht sicher bist, wie ein Wort geschrieben wird, schlage es im Wörterbuch nach. Im Wörterbuch sind die Wörter nach dem ABC geordnet. Fangen Wörter mit dem gleichen Buchstaben an, ordne sie nach dem zweiten Buchstaben. Sind die ersten beiden Buchstaben gleich, schau dir den dritten Buchstaben an.

Ergänzung zu Seite 19, Aufgabe 4

Badminton, Basketball, CD, Clown, Computer, Cornflakes, E-Mail, Hamburger, Hot Dog, Inlineskates, Jeans, Ketchup, Laptop, Mountainbike, Pullover, Sandwich, Scanner, Shorts, Skateboard, Snowboard, Teddy, T-Shirt

1 Zur Entspannung machen Lotta, Toni, Paul und Peppi einen Spaziergang an der Themse. Dort sehen sie ein großes Riesenrad, das „London Eye". Sie wollen gerne eine Runde fahren. Wenn du alle Aufgaben ausrechnest, bleiben zwei Gondeln übrig. In der Gondel mit der größeren Zahl können Lotta, Toni, Paul und Peppi fahren.

a) 432 + 123 = 555

b) 724 + 145 = 869

c) 286 + 235 = 521

d) 407 + 398 = 805

e) 194 + 630 = 824

f) 239 + 384 = 623

g) 555 + 167 = 722

h) 385 + 277 = 662

a) 576 − 325 = 251

b) 983 − 532 = 451

c) 637 − 129 = 508

d) 836 − 572 = 264

e) 466 − 289 = 177

f) 583 − 298 = 285

g) 373 − 195 = 178

h) 922 − 399 = 523

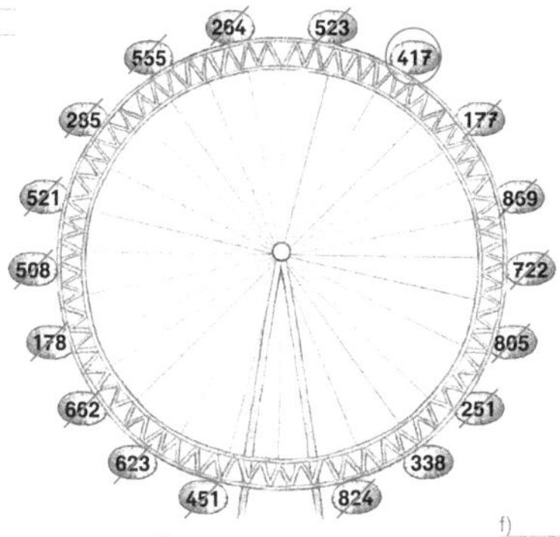

Lotta, Toni, Paul und Peppi fahren mit dem Zug von London nach Schottland. Sie haben von einem Monster gehört, das dort in einem See namens Loch Ness leben soll. Leider sehen sie es nicht, aber sie können in Schottland viele andere Tierarten entdecken.

2 Ordne die Tiere nach ihrem Gewicht. Beginne mit dem schwersten Tier.

3 Welche Aussagen stimmen? Kreuze an.
Rechne auf einem Extra-Blatt.

	richtig	falsch
3 Soay-Schafe sind so schwer wie 1 Seehund.	☐	☒
2 Rothirsche wiegen so viel wie 1 Schottisches Hochlandrind.	☐	☒
3 Feldmäuse sind leichter als 1 Papageientaucher.	☒	☐
5 Rothirsche sind leichter als 1 Schottisches Hochlandrind.	☐	☒
1 Soay-Schaf, 1 Seehund und 1 Rothirsch sind leichter als 1 Schottisches Hochlandrind.	☒	☐
Alle Tiere haben zusammen 22 Beine.	☐	☒

1 Find the words.

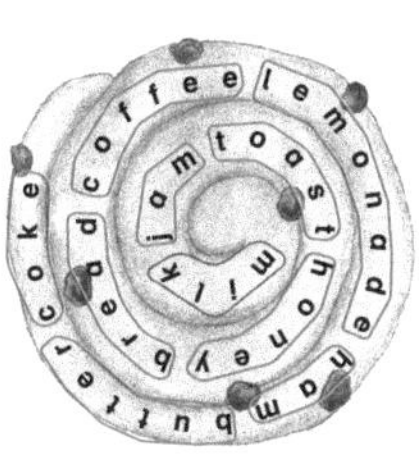

2 Read and draw lines.

What do you like for breakfast?

I like ______________________ for breakfast.

Zeige deinen Satz einem Erwachsenen.

Kennst du „Karlsson vom Dach", „Michel aus Lönneberga" oder „Ronja Räubertochter"? Dies sind einige Bücher der berühmten schwedischen Kinderbuchautorin Astrid Lindgren. Lottas Lieblingsbuch ist „Pippi Langstrumpf". Sie freut sich schon lange auf den Besuch in der „Astrid-Lindgren-Welt", einem Museum in Schweden. Denn dort kann sie in der Villa Kunterbunt spielen und auf Pippis Pferd, dem Kleinen Onkel, sitzen.

1 Lotta, Paul und Toni spielen vergnügt in der „Astrid-Lindgren-Welt". Welche der Sätze sind Fragesätze, welche Ausrufesätze und welche Aussagesätze? Ergänze die Satzzeichen farbig.

Wo ist Herr Nilsson, der Affe ?

Lotta und Toni, kommt herüber in die Villa Kunterbunt !

Ich reite auf Pippis Pferd .

Das macht Spaß !

Hoffentlich können wir noch lange bleiben .

Hilfst du mir bitte vom Pferd herunter ?

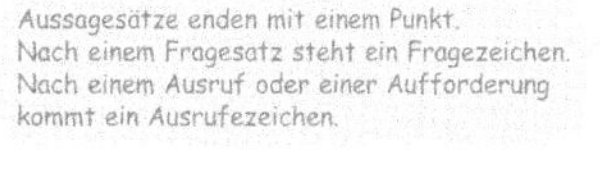

Die „Astrid-Lindgren-Welt" ist kein Museum, durch das man still und leise gehen muss. Die Kinder dürfen dort sogar rennen, toben und hüpfen.

(2) Ordne die Verben* des Wortfelds **gehen** richtig ein.

schnell: rennen, sprinten, sausen, rasen, flitzen

langsam: stolpern, laufen, kriechen, trippeln, schleichen, hinken, schlendern, tapsen, schlurfen, schreiten, stolzieren, humpeln

stolpern	rennen	laufen	kriechen	sprinten	sausen	trippeln
schleichen	hinken	schlendern	rasen	tapsen		
flitzen	schlurfen	schreiten	stolzieren	humpeln		

Wörter eines Wortfelds haben eine ähnliche Bedeutung, gehören aber nicht zur gleichen Wortfamilie.

(3) In der Villa Kunterbunt ist einiges erlaubt, was sonst verboten ist. Die Kinder haben Wörter an die Wand der Villa geschrieben. Peppi hat jedoch immer denselben Buchstaben übermalt. Finde heraus, welcher Buchstabe fehlt, und ergänze ihn. Denke an die Groß- und Kleinschreibung.

(4) Kannst du die Pyramidensätze fehlerfrei lesen?

Pippi
Pippi Langstrumpf
Pippi Langstrumpf spielt
Pippi Langstrumpf spielt gerne
Pippi Langstrumpf spielt gerne mit ihren Freunden
Pippi Langstrumpf spielt gerne mit ihren Freunden in der Villa Kunterbunt.

Herr Nilsson
Herr Nilsson klettert
Herr Nilsson klettert gerne
Herr Nilsson klettert gerne auf den großen Baum
Herr Nilsson klettert gerne auf den großen Baum in Pippis Garten.

Nachdem die drei reiselustigen Kinder den heutigen Tag im Wikinger-Museum verbracht haben, fallen sie erschöpft in ihre Betten. Noch immer sind ihre Gedanken im Mittelalter bei den Wikingern. Paul träumt davon, dass er mit ihnen auf große Fahrt geht …

(1) Die Männer besitzen drei Schiffe. Ordne die Mannschaften den Schiffen zu. Rechne die Aufgaben, male jeden Wikinger in der Farbe seines Schiffes an.

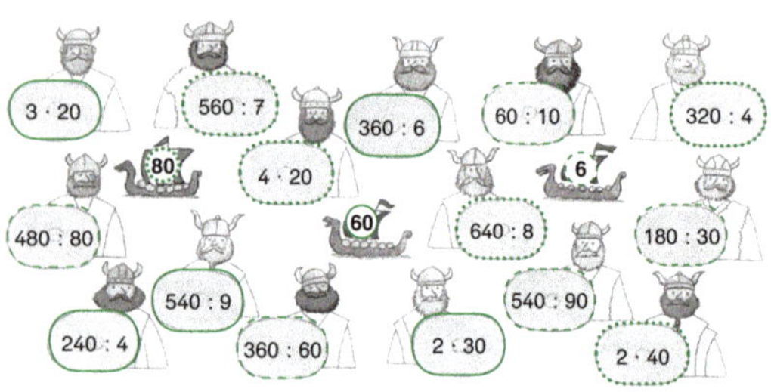

(2) Schreibe die fehlenden Zahlen auf.

70, 140, 210, 280, 350, 420, 490, 560, 630, 700

200, 250, 300, 350, 400, 450, 500, 550, 600, 650

900, 810, 720, 630, 540, 450, 360, 270, 180, 90

Lotta und Toni würfeln in ihren Träumen mit den Wikingern um die Wette. Die Würfel müssen sie selber basteln.

(3) Welche Würfelnetze können sie als Vorlage benutzen? Kreuze sie an und male die gegenüberliegenden Flächen in der gleichen Farbe an.

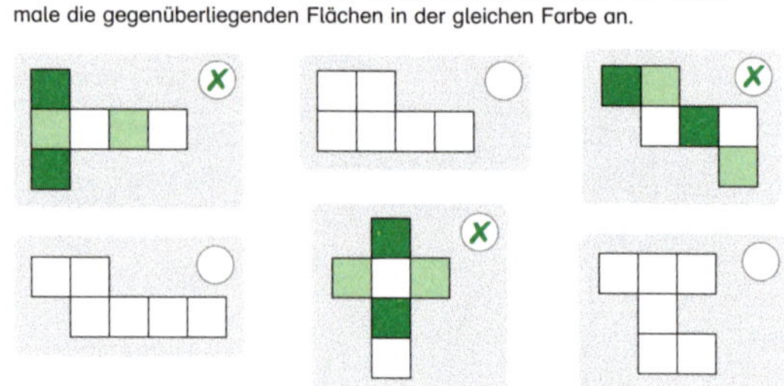

(4) Finde den richtigen Spielwürfel heraus. Kreuze ihn an.

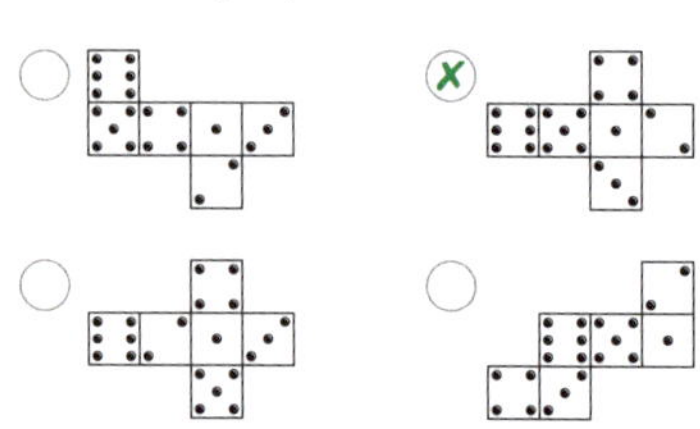

Die gegenüberliegenden Augenzahlen eines Würfels ergeben immer 7.

Trage jeweils ein, wie das Wetter ist.

1 What's the weather like? Write.

cloudy rainy hot snowy cold sunny windy

2 Draw lines.

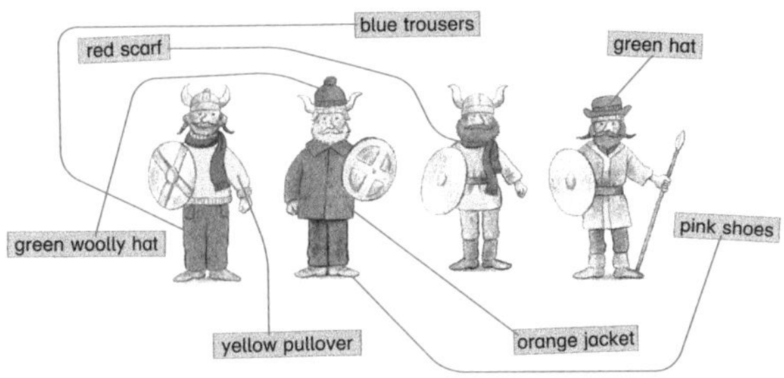

Lotta, Toni, Paul und Peppi schlendern in Amsterdam über den Markt.
Dort gibt es viel zu entdecken.

1 Was sehen die vier alles auf dem Markt? Setze die Wörter in die Einzahl.

Äpfel – Apfel	Blätter – Blatt
Gläser – Glas	Stände – Stand
Mäuse – Maus	Männer – Mann
Bäume – Baum	Sträucher – Strauch
Äste – Ast	Hände – Hand

Was fällt dir auf?

Wörter mit ä oder äu in der Mehrzahl bilden die Einzahl oft mit a oder au.

2 Kannst du auch zu folgenden Wörtern verwandte Wörter mit **a**/**au** finden?

Dächer – Dach	länger – lang
Häuser – Haus	kälter – kalt
träumen – Traum	es läutet – laut
zählen – Zahl	Verkäufer – Verkauf

3 Denke nach und entscheide, ob du **äu** oder **eu** einsetzen musst.
Achte auf die Groß- und Kleinschreibung.

n eu

Eu le

fr eu en

L äu fer

F äu ste

r äu men

4 Auf dem Markt haben die drei Kinder Proviant für eine Fahrradtour eingekauft.
Lies die Geschichte. Unterstreiche in den einzelnen Sätzen das Subjekt* blau und das Prädikat* rot.

Lotta packt das Brot und den Käse in den Korb. Toni und Paul stecken die Decke in den Rucksack. Die Fahrradtour beginnt. Die Sonne scheint warm. Die Kinder sehen bunte Tulpenfelder. Windräder drehen sich im Wind. Toni bekommt allmählich Hunger. Gemeinsam suchen sie eine schöne Wiese für das Picknick. Paul und Toni legen die Decke auf die Wiese. Lotta bringt den Korb. Der Käse ist weg! Findest du den Dieb?

Subjekt und **Prädikat** gehören zu den Satzgliedern.

Das **Subjekt** sagt dir, wer oder was etwas tut. Deswegen fragt man nach dem Subjekt mit „Wer oder was?": **Paul** läuft. → Wer oder was läuft? Paul.

Das **Prädikat** sagt dir, was jemand tut oder was geschieht. Deswegen fragt man nach dem Prädikat mit „Was tut jemand?", „Was geschieht?": Paul **läuft**. → Was tut Paul? Paul **läuft**.

Auf S.42 findest du noch mehr zu dem Thema Satzglieder.

① Diese Blumen sind symmetrisch*.
Zeichne alle möglichen Spiegelachsen* mit dem Lineal ein.

Eine Spiegelachse teilt eine symmetrische Figur in zwei gleiche Teile.
Symmetrische Figuren können eine oder mehrere Spiegelachsen haben.

② Ergänze zu einer symmetrischen Figur. Was siehst du?

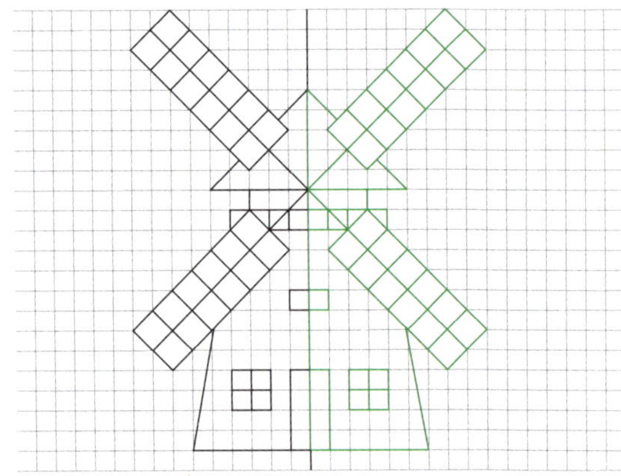

Das ist eine Windmühle .

③ Welche Zahlen gehören in die Blumen?

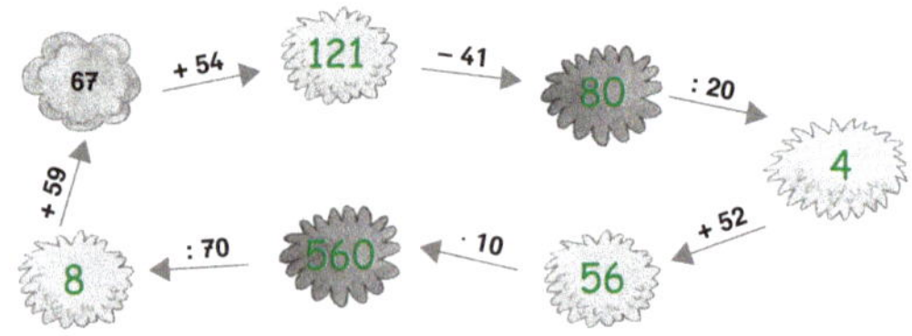

① Mrs Bintje's fruit and vegetables. Write.

tomatoes oranges melons lettuce apples carrots bananas lemons

② What's in the basket? Tick.

- 3 pears
- 6 strawberries ✓
- 4 cherries
- 1 melon ✓
- 5 tomatoes ✓
- 2 apples ✓

What's missing? Draw.

Nummeriere den Dialog in der richtigen Reihenfolge.

③ Put the dialogue into the correct order. Number.

① Lotta, Toni, Paul und Peppi kommen in Italien an. Sie freuen sich schon auf schöne Tage am Meer.
Kannst du den Text lesen? Setze die fehlenden Buchstaben ein.

Heute scheint die So**nn**e heiß. Am Hi**mm**el steht keine einzige Wolke. Lo**tt**a möchte gleich ein Eis e**ss**en. Toni re**nn**t über den Strand ans Meer. In der Ferne sieht er einige Schi**ff**e. „Ko**mm**t mit ins Wa**ss**er!", brü**ll**t Toni. Gemeinsam wo**ll**en die Kinder schwi**mm**en gehen. Paul springt in eine große We**ll**e. Diesen Tag werden sie nie verge**ss**en.

Vor einem doppelten Mitlaut* (ll, mm, nn, ss, ff, tt usw.) klingt der Selbstlaut* (a,e,i,o,u) kurz.

② Bilde Reimpaare.

Mutter – Butter	Nummer – Hummer
fallen – knallen	Stelle – Welle
Kasse – Tasse	Lippe – Wippe
Himmel – Schimmel	Brille – Grille

(3) Suche die Grundform und fülle die Lücken.

Der Hund **bellt**.	**bellt** kommt von **bellen**.
Das Feuer **bre** nn **t**.	**bre** nn **t** kommt von brennen.
Du **ka** nn **st** das!	**ka** nn **st** kommt von können.
Sie **rü** tt **elt** an der Türe.	**rü** tt **elt** kommt von rütteln.
Das Los **gewi** nn **t**.	**gewi** nn **t** kommt von gewinnen.
Ste ll **t** euch in der Reihe an!	**ste** ll **t** kommt von stellen.
Die Schule **begi** nn **t**.	**begi** nn **t** kommt von beginnen.

Lotta, Toni und Paul schreiben eine Postkarte an ihren Freund Tom.

Lieber Tom!

Heute verbringen wir einen Tag am Meer.
Wir essen Eis und baden in den Wellen.
Lotta liegt faul am Strand und sonnt sich.
Abends gehen wir zum Pizzaessen.
Das ist ein toller Urlaub.

Viele Grüße von
Toni, Paul, Lotta und Peppi

(4) Unterstreiche alle Verben* in der Gegenwart*.

(5) Zu Hause erzählen Lotta, Paul und Toni ihren Klassenkameraden von der Reise. Schreibe weiter.
„Wir **haben** einen Tag am Meer **verbracht**. Wir haben …"

Eis gegessen und in den Wellen gebadet.
Lotta hat faul am Strand gelegen und sich
gesonnt. Abends sind wir zum Pizzaessen
gegangen. Das ist ein toller Urlaub gewesen.

(6) Fülle die Tabelle aus. Schreibe die Verben in den fehlenden Zeitformen auf.

	essen	laufen
Gegenwart	ich esse	wir laufen
einfache Vergangenheit	ich aß	wir liefen
zusammengesetzte Vergangenheit	ich habe gegessen	wir sind gelaufen
	spielen	**schlafen**
Gegenwart	ich spiele	sie schläft
einfache Vergangenheit	ich spielte	sie schlief
zusammengesetzte Vergangenheit	ich habe gespielt	sie hat geschlafen
	gehen	**tragen**
Gegenwart	wir gehen	er trägt
einfache Vergangenheit	wir gingen	er trug
zusammengesetzte Vergangenheit	wir sind gegangen	er hat getragen
	holen	**schwimmen**
Gegenwart	er holt	du schwimmst
einfache Vergangenheit	er holte	du schwammst
zusammengesetzte Vergangenheit	er hat geholt	du bist geschwommen
	rufen	**schreiben**
Gegenwart	ihr ruft	sie schreiben
einfache Vergangenheit	ihr rieft	sie schrieben
zusammengesetzte Vergangenheit	ihr habt gerufen	sie haben geschrieben

(1) Jetzt haben die drei Kinder sich wirklich ein Eis verdient. Aber wer die Wahl hat, hat die Qual. Es gibt folgende Eissorten:

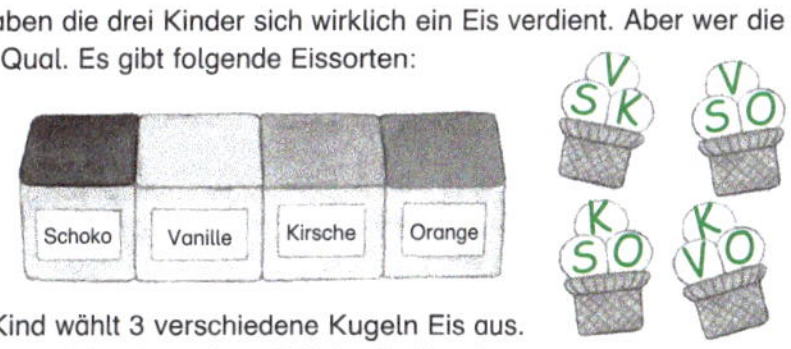

Jedes Kind wählt 3 verschiedene Kugeln Eis aus.
Welche Möglichkeiten gibt es? Male die Kugeln an.

(2) Gianni misst die Länge seiner Eiswaffeln. Lotta, Paul und Toni helfen ihm dabei. Miss genau ab und trage ein.

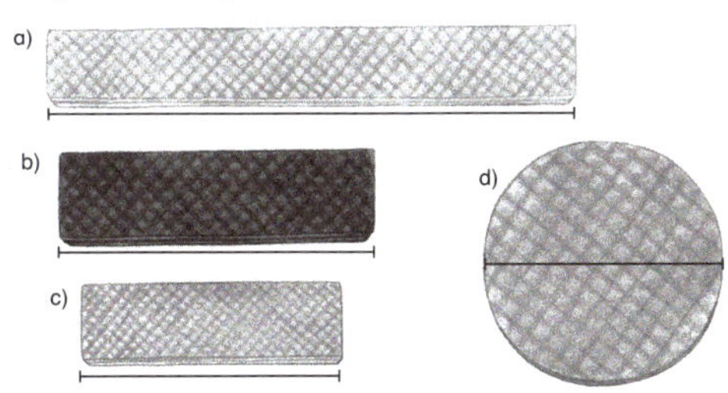

	Länge in cm	Länge in cm und mm	Länge in mm
a	10,5 cm	10 cm 5 mm	105 mm
b	6,3 cm	6 cm 3 mm	63 mm
c	5,2 cm	5 cm 2 mm	52 mm
d	4,7 cm	4 cm 7 mm	47 mm

1 cm = 10 mm

③ Schätze und verbinde.

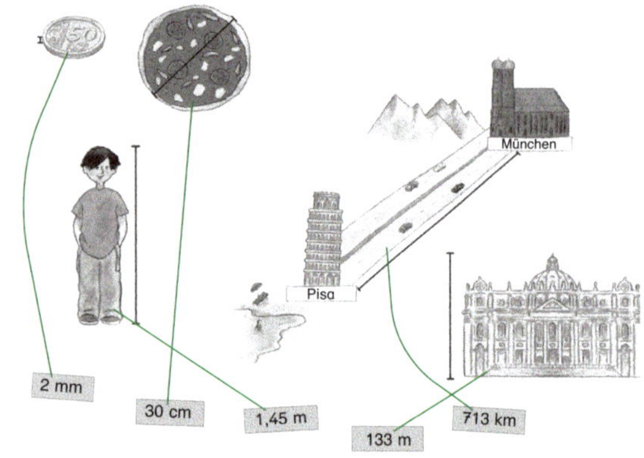

④ Schreibe mit und ohne Komma.

1 km = 1000 m

km	m	Kilometer
7	900	7,900 km
5	350	5,350 km
0	420	0,420 km
8	125	8,125 km
2	9	2,009 km
9	28	9,028 km
25	2	25,002 km
11	835	11,835 km

① Parts of the body. Look, read and write.

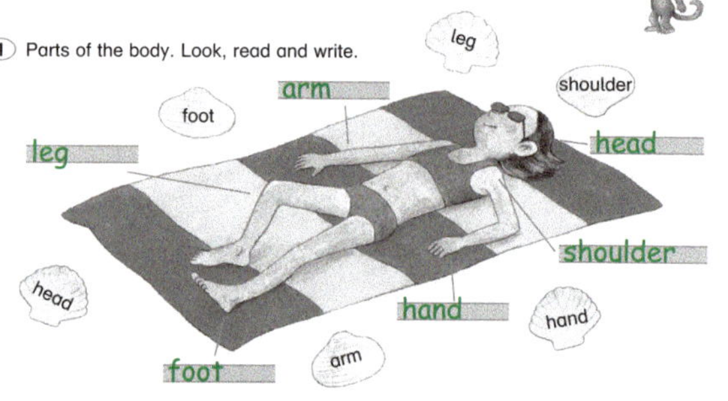

② What are their hobbies? Look and write.

	swimming	playing basketball	inline skating	singing
Lotta	X		X	
Toni	X	X		
Paul			X	X

Lotta likes swimming and inline skating.

Toni likes swimming and playing basketball.

Paul likes inline skating and singing.

And what do you like?

I like ______ and ______.

Zeige deinen Satz einem Erwachsenen.

① Am letzten Tag besuchen Lotta, Paul, Toni und Peppi einen Zirkus in Budapest. Bestimme die Satzglieder. Trenne sie durch Striche voneinander.

Der Clown | zeigt | lustige Kunststücke. Lotta | lacht | laut. Die Löwen | springen | durch einen Reifen. Die Ballerina | balanciert | mit ihrem Schirm | auf einem Seil.
In der Pause | essen | die Kinder | leckeres Popcorn.
Zum Schluss | streicheln | Lotta und Paul | den Esel und die Ziege | in der Manege.

Ein Satz besteht aus mehreren Satzgliedern. Ein Satzglied kann aus einem oder aus mehreren Wörtern bestehen. Wenn du die Wörter in einem Satz umstellst, bleiben die Wörter eines Satzgliedes immer zusammen.
Der Urlaub | macht | großen Spaß.
Großen Spaß | macht | der Urlaub.
Macht | der Urlaub | großen Spaß?

Mehr zu den beiden Satzgliedern Subjekt und Prädikat findest du auf S.31

② Finde die Satzglieder und rahme sie ein. Stelle den Satz einige Male um.

Die drei Freunde | fahren | mit dem Zug | durch Ungarn.

Fahren die drei Freunde mit dem Zug durch Ungarn? | Durch Ungarn fahren die drei Freunde mit dem Zug. | Mit dem Zug fahren die drei Freunde durch Ungarn.

Auf den grünen Wiesen | sehen | die Kinder | viele verschiedene Tiere.

Sehen die Kinder auf den grünen Wiesen viele verschiedene Tiere? | Die Kinder sehen auf den grünen Wiesen viele verschiedene Tiere. | Viele verschiedene Tiere sehen die Kinder auf den grünen Wiesen.

(3) Im Zug vertreiben sich die Kinder mit einem Kreuzworträtsel die Zeit.

	M	o	o	r
		Z	o	o
	K	l	e	e
H	a	a	r	e
	F	e	e	
W	a	a	g	e
	T	e	e	
B	o	o	t	

(4) Ordne die Wörter aus dem Kreuzworträtsel nach dem ABC.

Boot, Fee, Haare, Klee, Moor, Tee,

Waage, Zoo

(1) Auf ihrer Reise durch Ungarn treffen die Kinder auf einen Bauern, der ihnen ein altes Rätsel vorstellt: Ein Bauer muss einen Kohlkopf, einen Wolf und ein Schaf über einen Fluss bringen. Auf dem kleinen Floß kann er aber pro Fahrt entweder nur den Kohlkopf oder den Wolf oder das Schaf mitnehmen. Das Schaf darf aber nicht mit dem Kohl alleine bleiben, da es ihn sonst auffressen würde. Auch darf das Schaf nicht mit dem Wolf alleine bleiben, da es sonst gefressen würde.

Löse das Rätsel.
Zeichne die Fahrten des Floßes mit Richtung ← → ein und schreibe auf, wer mitfährt (**B** für Bauer, **S** für Schaf, **W** für Wolf, **K** für Kohl).

(2) Die Ferien sind jetzt bald zu Ende. Lotta, Toni, Paul und Peppi stehen am Bahnhof in Budapest und lesen den Fahrplan. Doch das ist gar nicht so leicht. Schau dir den Fahrplan an und überprüfe dann die Aussagen.

Abfahrtzeiten vom Bahnhof Budapest

Zeit	Linie		Gleis
9.28	EC 170	Bratislava 12.01 – Prag 16.40 – Dresden 19.04 – Berlin 21.20 – Hamburg 23.05	7
11.10	EC 964	Wien 14.08 – Passau 17.26 – Nürnberg 19.27 – Würzburg 20.27 – Frankfurt 21.46 – Mainz 22.20 – Koblenz 23.12 – Bonn 23.44 – Köln 00.05	3a
11.57	M 3	Deák Ferenc tér 12.01 – Opera 12.04 – Bajzautca 12.09	14
13.13	D 854	Wien 15.56 – Linz 17.53 – Salzburg 19.03 – München 20.34	2
14.28	R 7	Vac 15.06 – Sturovo 15.41 – Nove Zamky 16.07	5
15.10	ICE 1804	Wien 18.08 – München 22.30 – Halle (Saale) 05.00 – Berlin 07.18	9

	richtig	falsch
Der Zug um 11.10 fährt bis Köln.	☒	☐
Der Zug um 14.28 ist ein ICE.	☐	☒
Der ICE 1804 fährt nach Halle (Saale).	☒	☐
Die Fahrt von Nürnberg nach Frankfurt dauert 2 h 19 min.	☒	☐
Der D 854 ist 7 h 25 min unterwegs.	☐	☒
Die M 3 fährt auf Gleis 2 ab.	☐	☒
Der EC 170 ist schneller in Berlin als der ICE 1804.	☒	☐

(1) Complete the birthday calendar.

January	February	March	April	May	June
	5. Lotta		17. Peppi		
July	**August**	**September**	**October**	**November**	**December**
		2. Toni			9. Paul

December June August February March April September October May January November July

(2) When's their birthday? Write down the month.

Lotta: February Toni: September

Peppi: April Paul: December

And when's your birthday? Write it down in the calendar.

My birthday is in ______________ .

Hier ist Platz zum Rechnen und Schreiben.

Hier ist Platz zum Rechnen und Schreiben.

3 In der Villa Kunterbunt ist einiges erlaubt, was sonst verboten ist. Die Kinder haben Wörter an die Wand der Villa geschrieben. Peppi hat jedoch immer denselben Buchstaben übermalt. Finde heraus, welcher Buchstabe fehlt, und ergänze ihn. Denke an die Groß- und Kleinschreibung.

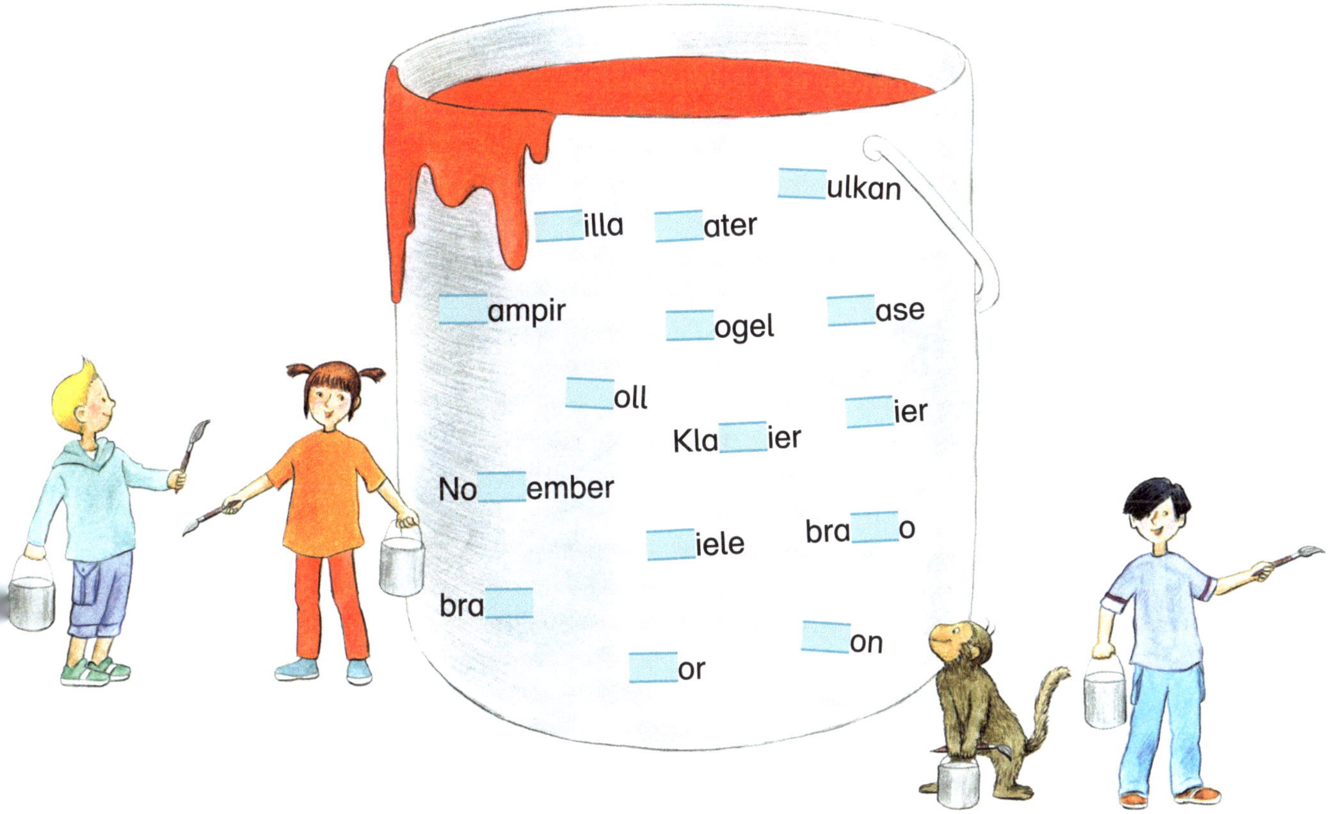

4 Kannst du die Pyramidensätze fehlerfrei lesen?

Pippi
Pippi Langstrumpf
Pippi Langstrumpf spielt
Pippi Langstrumpf spielt gerne
Pippi Langstrumpf spielt gerne mit ihren Freunden
Pippi Langstrumpf spielt gerne mit ihren Freunden in der Villa Kunterbunt.

Herr Nilsson
Herr Nilsson klettert
Herr Nilsson klettert gerne
Herr Nilsson klettert gerne auf den großen Baum
Herr Nilsson klettert gerne auf den großen Baum in Pippis Garten.

Nachdem die drei reiselustigen Kinder den heutigen Tag im Wikinger-Museum verbracht haben, fallen sie erschöpft in ihre Betten. Noch immer sind ihre Gedanken im Mittelalter bei den Wikingern. Paul träumt davon, dass er mit ihnen auf große Fahrt geht …

1 Die Männer besitzen drei Schiffe. Ordne die Mannschaften den Schiffen zu. Rechne die Aufgaben, male jeden Wikinger in der Farbe seines Schiffes an.

2 Schreibe die fehlenden Zahlen auf.

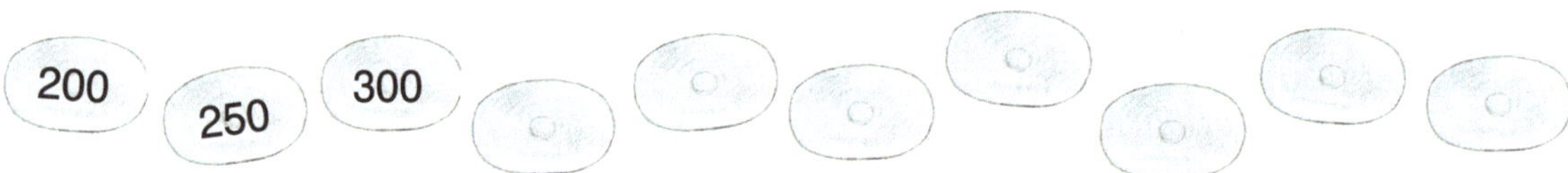

Lotta und Toni würfeln in ihren Träumen mit den Wikingern um die Wette.
Die Würfel müssen sie selber basteln.

(3) Welche Würfelnetze können sie als Vorlage benutzen? Kreuze sie an und male die gegenüberliegenden Flächen in der gleichen Farbe an.

(4) Finde den richtigen Spielwürfel heraus. Kreuze ihn an.

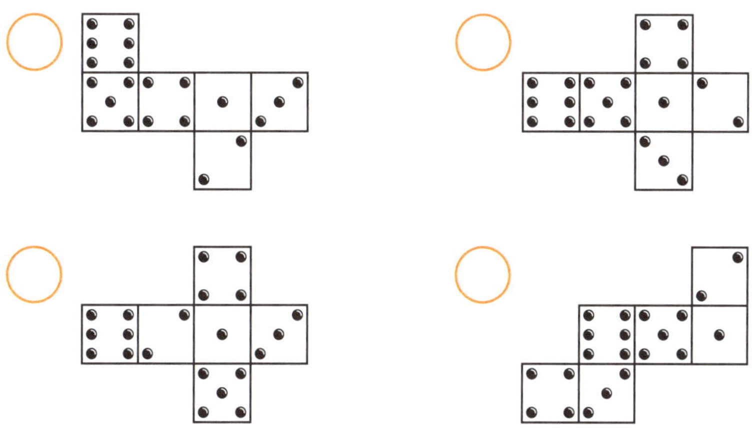

Die gegenüberliegenden Augenzahlen eines Würfels ergeben immer 7.

Schweden: Englisch

1 What's the weather like? Write.

cloudy rainy hot snowy cold sunny windy

2 Draw lines.

red scarf

blue trousers

green hat

green woolly hat

pink shoes

yellow pullover

orange jacket

Lotta, Toni, Paul und Peppi schlendern in Amsterdam über den Markt.
Dort gibt es viel zu entdecken.

1 Was sehen die vier alles auf dem Markt? Setze die Wörter in die Einzahl.

Äpfel – ______ Blätter – ______

Gläser – ______ Stände – ______

Mäuse – ______ Männer – ______

Bäume – ______ Sträucher – ______

Äste – ______ Hände – ______

Was fällt dir auf?

______

______

2 Kannst du auch zu folgenden Wörtern verwandte Wörter mit **a/au** finden?

Dächer – ________	länger – ________
Häuser – ________	kälter – ________
träumen – ________	es läutet – ________
zählen – ________	Verkäufer – ________

3 Denke nach und entscheide, ob du **äu** oder **eu** einsetzen musst.
Achte auf die Groß- und Kleinschreibung.

n ____

____ le

fr ____ en

L ____ fer

F ____ ste

r ____ men

(4) Auf dem Markt haben die drei Kinder Proviant für eine Fahrradtour eingekauft. Lies die Geschichte. Unterstreiche in den einzelnen Sätzen das Subjekt* blau und das Prädikat* rot.

Lotta packt das Brot und den Käse in den Korb. Toni und Paul stecken die Decke in den Rucksack. Die Fahrradtour beginnt. Die Sonne scheint warm. Die Kinder sehen bunte Tulpenfelder. Windräder drehen sich im Wind. Toni bekommt allmählich Hunger. Gemeinsam suchen sie eine schöne Wiese für das Picknick. Paul und Toni legen die Decke auf die Wiese. Lotta bringt den Korb. Der Käse ist weg! Findest du den Dieb?

Subjekt und **Prädikat** gehören zu den Satzgliedern.

Das **Subjekt** sagt dir, wer oder was etwas tut. Deswegen fragt man nach dem Subjekt mit „Wer oder was?“: **Paul** läuft. → Wer oder was läuft? Paul.

Das **Prädikat** sagt dir, was jemand tut oder was geschieht. Deswegen fragt man nach dem Prädikat mit „Was tut jemand?“, „Was geschieht?“:
Paul **läuft**. → Was tut Paul? Paul **läuft**.

Auf S.42 findest du noch mehr zu dem Thema Satzglieder.

① Diese Blumen sind symmetrisch*.
Zeichne alle möglichen Spiegelachsen* mit dem Lineal ein.

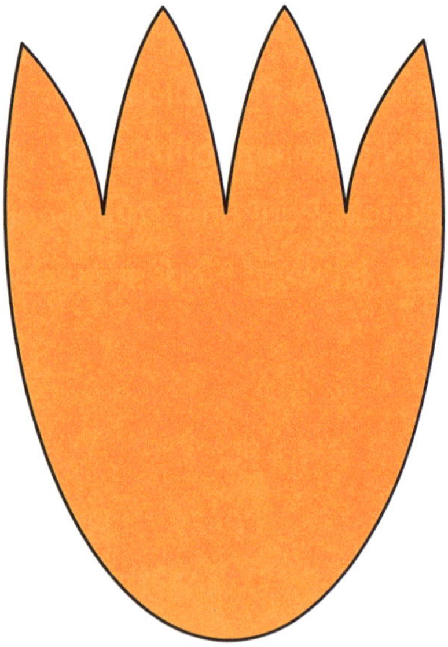

Eine Spiegelachse teilt eine symmetrische Figur in zwei gleiche Teile.
Symmetrische Figuren können eine oder mehrere Spiegelachsen haben.

(2) Ergänze zu einer symmetrischen Figur. Was siehst du?

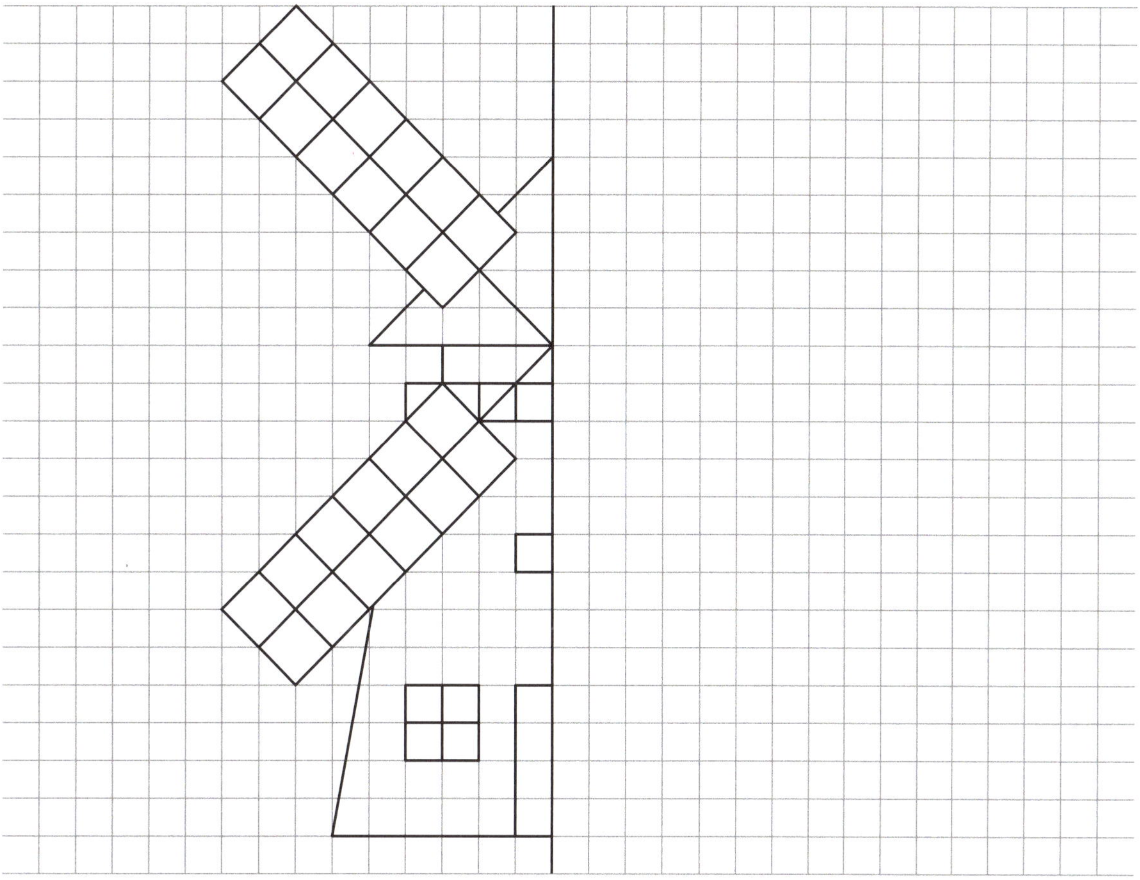

Das ist eine ______________________________ .

(3) Welche Zahlen gehören in die Blumen?

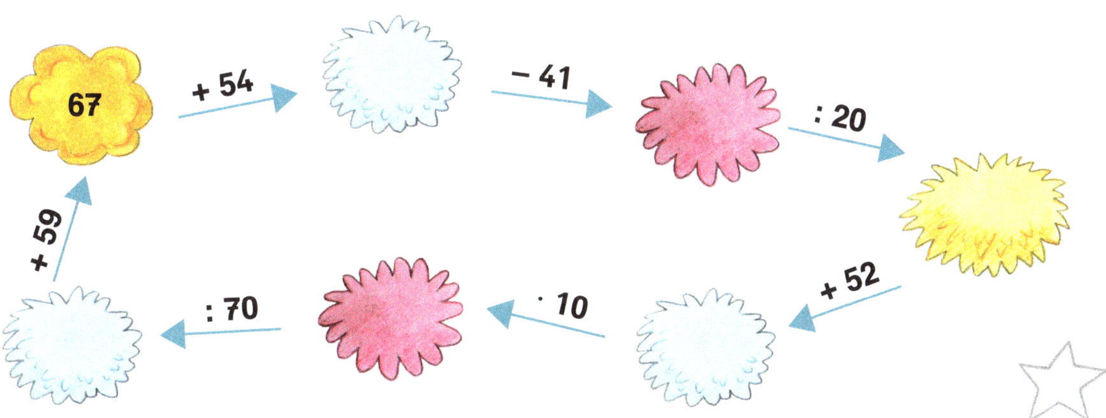

1 Mrs Bintje's fruit and vegetables. Write.

tomatoes   oranges   melons   lettuce   apples   carrots   bananas   lemons

2 What's in the basket? Tick.

3 pears
6 strawberries
4 cherries
1 melon
5 tomatoes
2 apples

What's missing? Draw.

3 Put the dialogue into the correct order. Number.

Nummeriere den Dialog in der richtigen Reihenfolge.

Thank you. How much is it? ◯

Here you are. Two bananas. ◯

Yes. I'd like two bananas, please. ◯

That's 1 €, please. ◯

Hello, can I help you? ◯

1 Lotta, Toni, Paul und Peppi kommen in Italien an. Sie freuen sich schon auf schöne Tage am Meer.
Kannst du den Text lesen? Setze die fehlenden Buchstaben ein.

Heute scheint die So___e heiß. Am Hi___el steht keine einzige Wolke. Lo___a möchte gleich ein Eis e___en. Toni re___t über den Strand ans Meer. In der Ferne sieht er einige Schi___e. „Ko___t mit ins Wa___er!“, brü___t Toni. Gemeinsam wo___en die Kinder schwi___en gehen. Paul springt in eine große We___e. Diesen Tag werden sie nie verge___en.

Vor einem doppelten Mitlaut*
(ll, mm, nn, ss, ff, tt usw.)
klingt der Selbstlaut*
(a,e,i,o,u) kurz.

2 Bilde Reimpaare.

Mutter – B______________ Nummer – H______________

fallen – kn______________ Stelle – W______________

Kasse – T______________ Lippe – W______________

Himmel – Sch______________ Brille – Gr______________

3 Suche die Grundform und fülle die Lücken.

Der Hund **bellt**. — **bellt** kommt von **bellen**.

Das Feuer **bre**____**t**. — **bre**____**t** kommt von ________ .

Du **ka**____**st** das! — **ka**____**st** kommt von ________ .

Sie **rü**____**elt** an der Türe. — **rü**____**elt** kommt von ________ .

Das Los **gewi**____**t**. — **gewi**____**t** kommt von ________ .

Ste____**t** euch in der Reihe an! — **ste**____**t** kommt von ________ .

Die Schule **begi**____**t**. — **begi**____**t** kommt von ________ .

☆

Lotta, Toni und Paul schreiben eine Postkarte an ihren Freund Tom.

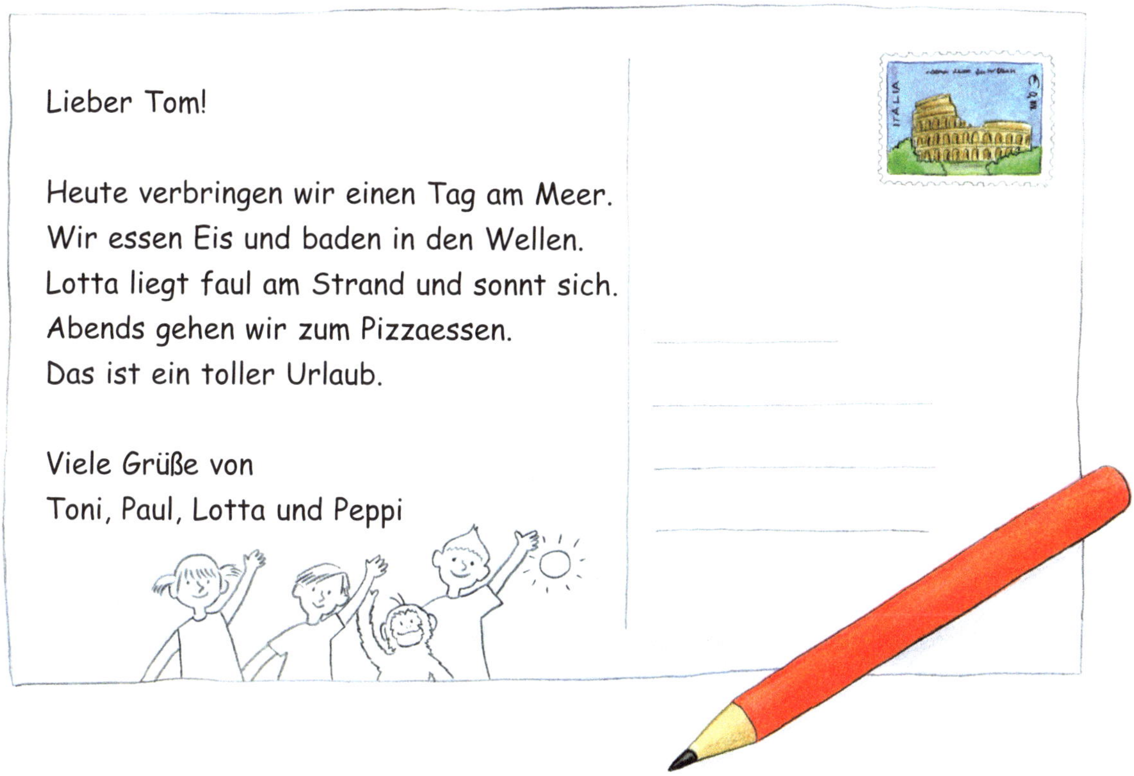

4 Unterstreiche alle Verben* in der Gegenwart*.

5 Zu Hause erzählen Lotta, Paul und Toni ihren Klassenkameraden von der Reise. Schreibe weiter.

„Wir **haben** einen Tag am Meer **verbracht**. Wir haben …“

6 Fülle die Tabelle aus. Schreibe die Verben in den fehlenden Zeitformen auf.

	essen	**laufen**
Gegenwart	ich esse	wir laufen
einfache Vergangenheit	ich aß	wir
zusammengesetzte Vergangenheit	ich habe gegessen	wir
	spielen	**schlafen**
Gegenwart	ich spiele	sie
einfache Vergangenheit	ich	sie schlief
zusammengesetzte Vergangenheit	ich	sie
	gehen	**tragen**
Gegenwart	wir	er
einfache Vergangenheit	wir gingen	er
zusammengesetzte Vergangenheit	wir	er hat getragen
	holen	**schwimmen**
Gegenwart	er	du
einfache Vergangenheit	er	du schwammst
zusammengesetzte Vergangenheit	er hat geholt	du
	rufen	**schreiben**
Gegenwart	ihr	
einfache Vergangenheit	ihr rieft	
zusammengesetzte Vergangenheit	ihr	sie haben geschrieben

1 Jetzt haben die drei Kinder sich wirklich ein Eis verdient. Aber wer die Wahl hat, hat die Qual. Es gibt folgende Eissorten:

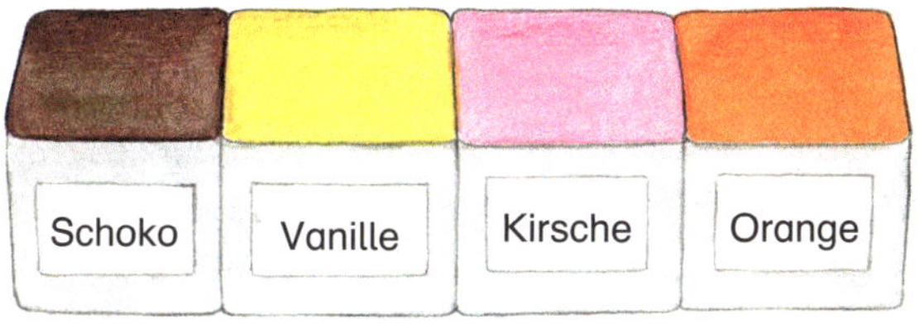

Jedes Kind wählt 3 verschiedene Kugeln Eis aus.
Welche Möglichkeiten gibt es? Male die Kugeln an.

2 Gianni misst die Länge seiner Eiswaffeln. Lotta, Paul und Toni helfen ihm dabei. Miss genau ab und trage ein.

a) 

b) 

c) 

d) 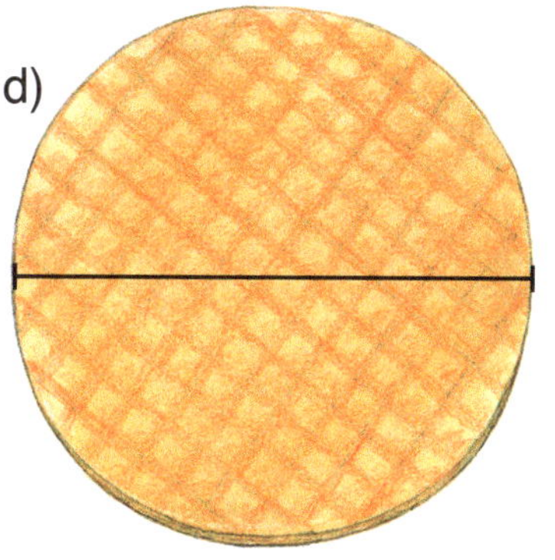

	Länge in cm	Länge in cm und mm	Länge in mm
a	10,5 cm	10 cm 5 mm	105 mm
b	cm	cm mm	mm
c	cm	cm mm	mm
d	cm	cm mm	mm

1 cm = 10 mm

③ Schätze und verbinde.

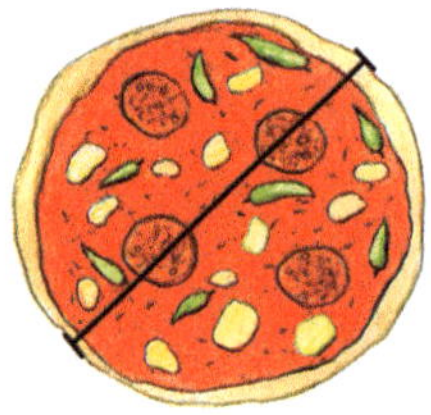

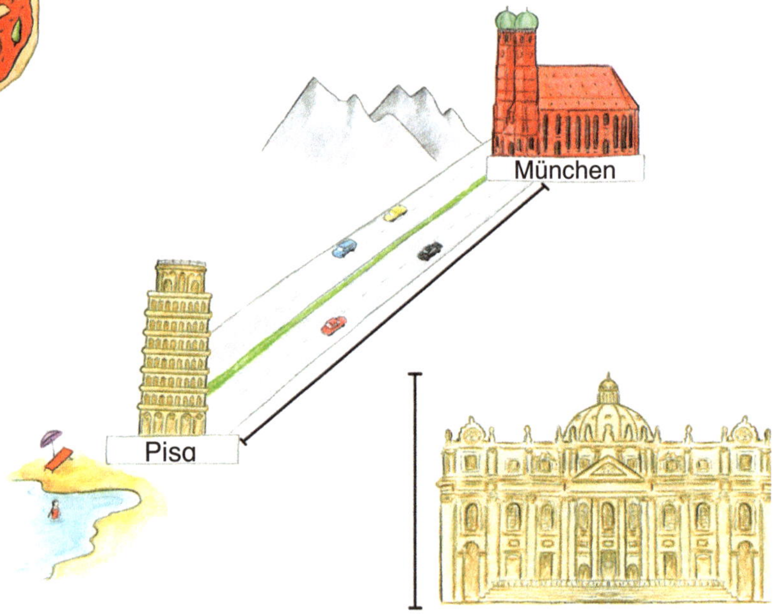

2 mm

30 cm

1,45 m

133 m

713 km

④ Schreibe mit und ohne Komma.

1 km = 1000 m

km	m	Kilometer
7	900	7,900 km
5	350	
0	420	
		8,125 km
		2,009 km
9	28	
25	2	
		11,835 km

1 Parts of the body. Look, read and write.

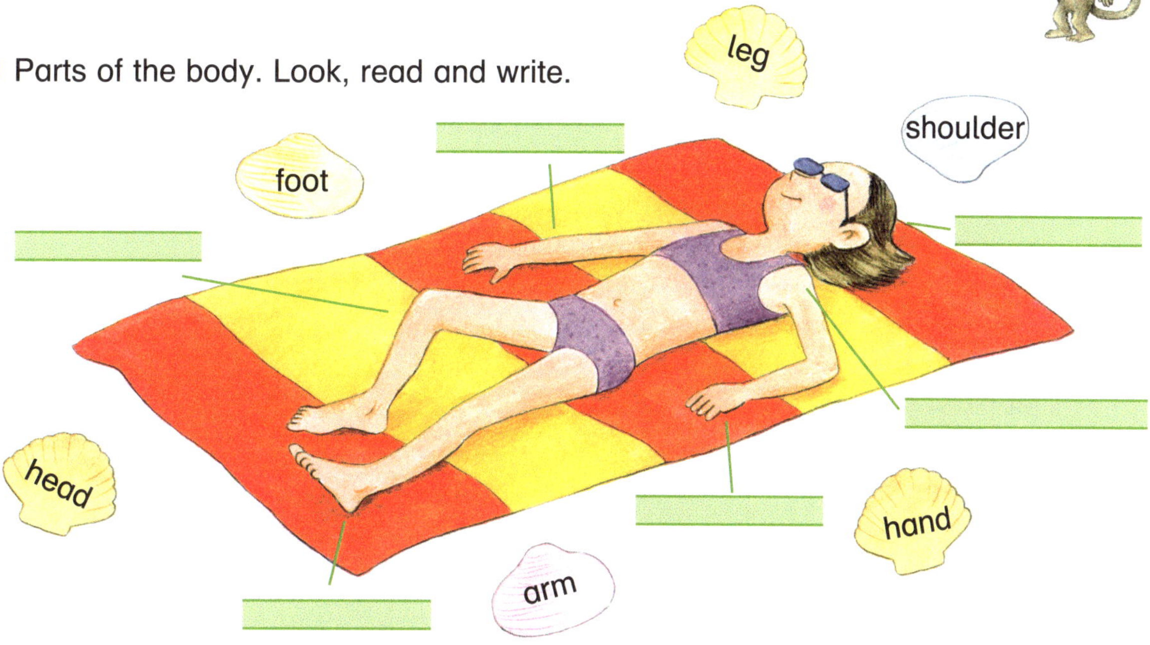

2 What are their hobbies? Look and write.

	swimming	playing basketball	inline skating	singing
Lotta	X		X	
Toni	X	X		
Paul			X	X

Lotta likes ______________________ and ______________________ .

Toni likes ______________________ and ______________________ .

Paul likes ______________________ and ______________________ .

And what do you like?

I like ______________________ and ______________________ .

(1) Am letzten Tag besuchen Lotta, Paul, Toni und Peppi einen Zirkus in Budapest. Bestimme die Satzglieder. Trenne sie durch Striche voneinander.

Der Clown | zeigt | lustige Kunststücke. Lotta lacht laut. Die Löwen springen durch einen Reifen. Die Ballerina balanciert mit ihrem Schirm auf einem Seil.
In der Pause essen die Kinder leckeres Popcorn.
Zum Schluss streicheln Lotta und Paul den Esel und die Ziege in der Manege.

Ein Satz besteht aus mehreren Satzgliedern. Ein Satzglied kann aus einem oder aus mehreren Wörtern bestehen. Wenn du die Wörter in einem Satz umstellst, bleiben die Wörter eines Satzgliedes immer zusammen.
Der Urlaub macht großen Spaß.
Großen Spaß macht der Urlaub.
Macht der Urlaub großen Spaß?

Mehr zu den beiden Satzgliedern Subjekt und Prädikat findest du auf S.31

(2) Finde die Satzglieder und rahme sie ein. Stelle den Satz einige Male um.

Die drei Freunde fahren mit dem Zug durch Ungarn.

Auf den grünen Wiesen sehen die Kinder viele verschiedene Tiere.

3 Im Zug vertreiben sich die Kinder mit einem Kreuzworträtsel die Zeit.

4 Ordne die Wörter aus dem Kreuzworträtsel nach dem ABC.

(1) Auf ihrer Reise durch Ungarn treffen die Kinder auf einen Bauern, der ihnen ein altes Rätsel vorstellt: Ein Bauer muss einen Kohlkopf, einen Wolf und ein Schaf über einen Fluss bringen. Auf dem kleinen Floß kann er aber pro Fahrt entweder nur den Kohlkopf oder den Wolf oder das Schaf mitnehmen. Das Schaf darf aber nicht mit dem Kohl alleine bleiben, da es ihn sonst auffressen würde. Auch darf das Schaf nicht mit dem Wolf alleine bleiben, da es sonst gefressen würde.

Löse das Rätsel.
Zeichne die Fahrten des Floßes mit Richtung ← → ein und schreibe auf, wer mitfährt (**B** für Bauer, **S** für Schaf, **W** für Wolf, **K** für Kohl).

Der Bauer kann auch leer fahren
oder eine Sache wieder mit zurücknehmen.

(2) Die Ferien sind jetzt bald zu Ende. Lotta, Toni, Paul und Peppi stehen am Bahnhof in Budapest und lesen den Fahrplan. Doch das ist gar nicht so leicht. Schau dir den Fahrplan an und überprüfe dann die Aussagen.

Abfahrtzeiten vom Bahnhof Budapest

Zeit	Linie		Gleis
9.28	EC 170	Bratislava 12.01 – Prag 16.40 – Dresden 19.04 – Berlin 21.20 – Hamburg 23.05	7
11.10	EC 964	Wien 14.08 – Passau 17.26 – Nürnberg 19.27 – Würzburg 20.27 – Frankfurt 21.46 – Mainz 22.20 – Koblenz 23.12 – Bonn 23.44 – Köln 00.05	3a
11.57	M 3	Deák Ferenc tér 12.01 – Opera 12.04 – Bajzautca 12.09	14
13.13	D 854	Wien 15.56 – Linz 17.53 – Salzburg 19.03 – München 20.34	2
14.28	R 7	Vac 15.06 – Sturovo 15.41 – Nove Zamky 16.07	5
15.10	ICE 1804	Wien 18.08 – München 22.30 – Halle (Saale) 05.00 – Berlin 07.18	9

	richtig	falsch
Der Zug um 11.10 fährt bis Köln.	☐	☐
Der Zug um 14.28 ist ein ICE.	☐	☐
Der ICE 1804 fährt nach Halle (Saale).	☐	☐
Die Fahrt von Nürnberg nach Frankfurt dauert 2 h 19 min.	☐	☐
Der D 854 ist 7 h 25 min unterwegs.	☐	☐
Die M 3 fährt auf Gleis 2 ab.	☐	☐
Der EC 170 ist schneller in Berlin als der ICE 1804.	☐	☐

(1) Complete the birthday calendar.

January	February	M	A		
	5. Lotta		17. Peppi		
		2. Toni			9. Paul

December June August February March April September October May January November July

(2) When's their birthday? Write down the month.

Lotta: ____________ Toni: ____________

Peppi: ____________ Paul: ____________

And when's your birthday? Write it down in the calendar.

My birthday is in ____________ .

Deutsch

Nomen/Substantiv: Namenwort, z. B. Hase, Blume, Auto

Artikel: Begleiter → es gibt bestimmte Artikel: **der**, **die**, **das** und unbestimmte Artikel: **ein**, **eine**, z. B. der Hase/ein Hase, die Blume/eine Blume, das Auto/ein Auto

Verb: Tätigkeitswort, Tunwort, Tuwort, z. B. essen, schreiben, spielen

Gegenwart: Präsens, z. B. ich male, du malst, er/sie/es malt, wir malen, ihr malt, sie malen

Die Gegenwart verwenden wir, wenn wir über etwas sprechen, das im Augenblick geschieht: Ich esse Eis.

einfache Vergangenheit: 1. Vergangenheit, Präteritum, z. B. ich malte, du maltest, er/sie/es malte, wir malten, ihr maltet, sie malten

Die einfache Vergangenheit verwenden wir, wenn wir über etwas vergangenes schreiben: Gestern aß ich Eis.

zusammengesetzte Vergangenheit: 2. Vergangenheit, Perfekt, z. B. ich habe gemalt, du hast gemalt, er/sie/es hat gemalt, wir haben gemalt, ihr habt gemalt, sie haben gemalt

Die zusammengesetzte Vergangenheit gebrauchen wir, wenn wir etwas erzählen: Gestern habe ich Eis gegessen.

Adjektiv: Eigenschaftswort, Wiewort, z. B. fleißig, groß, schnell

Mitlaut: Konsonant → b, c, d, f, g, h, j, k, l, m, n, p, q, r, s, t, v, w, x, y, z

Selbstlaut: Vokal → a, e, i, o, u

Subjekt: Satzgegenstand, z. B. Felix malt.

Prädikat: Satzaussage, Satzkern, z. B. Felix malt. (einteiliges Prädikat), Felix wird malen. (mehrteiliges Prädikat)

Mathe

Addition/addieren: Plus-Rechnung, zusammenzählen

Subtraktion/subtrahieren: Minus-Rechnung, abziehen

symmetrisch: Figuren, die eine Faltachse und deckungsgleiche Hälften haben

Spiegelachse: die Faltachse bei symmetrischen Figuren